대학생 교양을 위한

사회봉사의 이해

박재숙

KNOWLEDGE COMMUNITY 공동체

1990년 중반부터 대학들이 사회봉사 학점제를 시작하면서 대학생의 사회봉사활동에 대한 관심과 참여가 크게 증가해왔다. 이 과정에서 봉사활동이 미래사회의 주역이 될 대학생들의 올바른 자아와 인격형성을 돕고, 전공과 연계한 봉사활동을 통해 실무능력을 익힘으로써 사회에 공헌할 수 있는 기회를 마련하는 데 기여해온 것이 사실이다. 그러나 이 같은 노력에도 불구하고 여전히 대학의 사회봉사는 단순히 봉사활동에 대한 학점 인정수준에 그치고 있으며, 재학생의 봉사활동을 의무화하고 이를 체계적이고 전문적으로 운영, 관리하는 학교는 아직 그리 많은 것 같지 않다.

저자가 강의하고 있는 경일대학교는 사회복지학과에서 개설하고 있는 전공과목 외 교양필수로 사회봉사 교과목을 운영하여 전교생이 반드시 과목을 이수해야 졸업을 할 수 있도록 하고 있다. 교내에 사회봉사센터를 설치하고 사회복지학과에서 책임 운영하면서 재학생들의 사회봉사를 효율적이고 효과적으로 관리하고 체계적으로 지원하고 있다. 학생처의 직원이 아닌 사회복지학 전공교수가 이론교육에서부터 봉사와 관련한 정보제공, 상담, 기관개발 및 연계까지 다양한 활동을 지원하고, 봉사수혜기관의 욕구에 맞는 사회봉사 프로그램을 개발하도록 지역사회와 적극 협력하는 것이 기존의 다른 대학들과 차이라면 차이일 것이다. 경일대학교가 이처럼 사회봉사를 중시하는 이유는 실무와 현장경험을 강조하는 학교 특성도 있지만 연구와 교육에 치중하는 대학의 기능을 좀 더 확장하여 대학의 또 다른 기능인 사회공헌, 사회봉사를 구체적으로 실현하고자 하는 의지가 큰 이유도 있다. 이는 다양한 경험을 통해 자신의 한계를 극복하자는 학교의 슬로건(beyond the limit)과도 연관되는데 시민사회 구성원으로서 책임을 가진 창의적 인재로서 더 크게 사회에 기여할 수 있는 우수한 인재로 키우고자 하는 바람을 실현하기 위한 노력이라고 할 수 있다.

그러나 그동안 사회봉사센터와 교과목을 운영하면서 지역사회의 높은 관심과 과분한 평가에도 불구하고 여전히 사회봉사 본연의 목적과 사명을 다하는 데 한계가 있음을 절감하게 된다. 물질만능주의와 입시경쟁으로 인해 이타성보다는 이기심에 익숙하며 친구나 동료, 그 외 다른 사람들과의 '공감'이나 '협력'을 어려워하고 사회구성원으로서 사회적 약자를 도와야하는 당위성에 대한 이해가 낮아 학생들이 오히려 사회봉사를 의무화한데 대해 강한 불만을 표하거나, 사회봉사에 대해서도 수단이나 방법에 상관없이 학점만 따면 된다는 식의 태도를 보이는 경우를 어렵지 않게 볼 수 있기 때문이다.

사회는 급변하고, 갈수록 복잡해지고 있다. 다음 세대의 주역이 될 우리 대학생들이 사회의 중심축이 될 즈음이면 이러한 상황은 더욱 가속될 것이고, 타인과 협력하지 않고 혼자 '잘 나서' 살기에는 더욱 어려운 시대가 될 것이다. 사회봉사는 바로 이런 미래의 삶을 준비하는 측면에서도 필요하다. 대학생들이 사회봉사에 대한 이해와 진실한 경험을 통해 편 가르지 않고 '우리'라는 의식을 가지며 친구와 동료, 혹은 내가 잘 모르거나 나와 관련이 없는 사람에게 관심을 가지면서 사람 간 관계의 중요성을 배우고 도움을 주고받을 줄 아는 그런 인재로 성장하기를 바란다.

이 책은 이를 위한 첫 걸음으로서 사회봉사에 처음 참여하거나 봉사에 대한 기본적인 인식 및 준비가 필요한 교양과목 수강생들을 위해 만들었다. 책의 구성은 먼저, 사회봉사의 필요성과 사회봉사의 개념, 특징, 기능 등의 개괄적인 내용을 살펴보고 사회봉사의 다양한 영역에 대해 소개하였다. 특히 타 교재와 달리 기관별 영역을 추가하고 더욱 구체화한 것은 대학생 봉사자들이 기관에 대한 지식이나 정보 없이 오는 경우가 많다는 기관 관리자들의 지적을 보완하기 위한 것이다. 이어서 봉사활동에 나서기 전 마음가짐과 기본 자세, 봉사자의 권리와 의무, 역할을 소개하고 봉사에 필요한 지식이나 기초적인 기술, 대상자의 특징에 대한 내용도 다루었다. 후반부에는 최근 현장에서 관리자 주도의 봉사 프로그램뿐 아니라 봉사자 주도의 프로그램에 대한 요구가 커지고 있는 점을 감안하여 대학생들이 전공이나 특기, 적성을 살린 봉사 프로그램을 기획할 수 있도록 프로그램의 개념과 개발원칙, 과정을 안내하였으며, 사회봉사교과목을 수강한 대학생들이 직접 기획하여 실행한 실제 사회봉사 프로그램도 함께 소개하였다. 부록으로는 매 학기 지역의 다양한 봉사처에서 열정과 성실로 봉사활동을 펼친 대학생들의 경험담을 모은 사회봉사 수기를 첨부하였다. 봉사활동에 참고가 되고, 비슷한 어려움을 겪을 때 위로가 되며, 대상자와의 관계나 봉사활동에 대한 시행착오가 있을 때 해결점을 찾는 단서로 활용할 수 있을 것이라 믿었기 때문이다. 또 봉사활동에 앞서 다시 한번 마음가짐을 고르기 위해 윤리적 태도와 자세를 강조하는 자원봉사자 윤리강령을 소개하고, 봉사를 준비하거나 봉사과정에서 대학생들이 많이 하는 질문과 그에 대한 답변을 안내하여 사회봉사의 준비 및 적응에 도움이 되고자 하였다.

부족하지만 대학생들이 사회봉사를 준비하고 또 현장봉사에 임했을 때 이 책이 도움이 되길 기대하며 출판을 주저하는 나를 격려하고 기꺼이 허락하신 공동체 출판사 여러 관계자들께 깊은 감사를 드린다.

2014. 2.

박재숙

차 례

■ 머리말 / 3

CHAPTER 01 현대사회와 사회봉사 / 11

1. 사회환경의 변화 ······ 11
2. 사회봉사의 개념과 필요성 ······ 14
3. 사회봉사의 가치와 특징 ······ 18

CHAPTER 02 대학 사회봉사의 이해 / 25

1. 대학과 사회봉사 ······ 25
2. 대학 사회봉사의 개념과 특징 ······ 26
3. 대학 사회봉사의 목적 ······ 28

CHAPTER 03 사회봉사의 영역 / 33

1. 사회봉사 영역의 다양성 ······ 33
2. 사회봉사 영역의 제 분류 ······ 34

CHAPTER 04 봉사자의 자세와 역할 / 47

1. 봉사자의 윤리적 지침 ······ 47
2. 봉사자의 기본 자세 ······ 49
3. 봉사자의 권리 ······ 51
4. 봉사자의 의무 ······ 53
5. 봉사자의 역할 ······ 56

차 례

CHAPTER 05 사회봉사의 지식과 기술 / 63

1. 사회봉사에 필요한 기초 지식 ······ 63
2. 사회봉사에 필요한 기술 ······ 65

CHAPTER 06 봉사대상자 이해와 관련 봉사활동 / 71

1. 아 동 ······ 71
2. 청소년 ······ 76
3. 노 인 ······ 81
4. 장애인 ······ 86

CHAPTER 07 사회봉사 프로그램 / 95

1. 사회봉사와 프로그램 ······ 95
2. 사회봉사 프로그램이란? ······ 97
3. 사회봉사 프로그램의 필요성 ······ 98
4. 사회봉사 프로그램 개발원칙 ······ 100
5. 사회봉사 프로그램 개발과정 ······ 102
6. 사회봉사 프로그램의 실제 ······ 104

부록

1. 사회봉사 수기 ······ 113
2. 자원봉사자 윤리강령 ······ 127
3. FAQ(자주 묻는 질문) ······ 128
4. 사회봉사 관련 양식 ······ 133

- 참고문헌 / 140
- 찾아보기 / 142

Chapter 01

현대사회와 사회봉사

1. 사회환경의 변화
2. 사회봉사의 개념과 필요성
3. 사회봉사의 가치와 특징

CHAPTER

01 현대사회와 사회봉사

학습목표

1. 봉사의 중요성이 커지고 있는 사회적 배경을 이해한다.
2. 사회봉사의 개념과 필요성을 이해한다.
3. 사회봉사의 가치를 이해한다.
4. 사회봉사의 네 가지 특징을 이해한다.

핵심어 찾기

1. 사회환경의 변화

1) 현대사회의 변화와 사회문제

현대사회의 급속한 변화는 소득 양극화와 저임금, 빈곤, 실업, 가족해체, 사회적 일탈현상이 일어날 수 있는 다양한 요인을 제공하며 이로 인한 사회문제는 매우 복잡한 양상으로 발전하고 있다. 더욱이 사회는 갈수록 복잡하고 서로 떼려야 뗄 수 없을 만큼 서로 얽혀있어 한쪽에 문제가 발생하면 다른 쪽으로 문제가 파급되는 '도미노 구조'를 안고 있어 각 국가와 사회가 겪는 문제는 과거처럼 국가가 일방적으로 나서거나, 혹은 민간차원의 상부상조로는 해결에 한계를 맞고 있다(박태영 외, 2008).

이처럼 갈수록 커지는 사회적 위험(social risk)은 보다 다양하고, 복잡하며, 심각하여 민·관의 돈독한 협력체계 아래서만 해결이 가능하여 국가나 정부뿐 아니라 사회구성원들이 봉사참여를 통해 지역사회가 처한 현실을 직시하고 이를 해결

memo

하기 위해 나설 필요성이 증가함에 따라 봉사의 중요성이 커지고 있는 것이다(Kohn & Wohl, 2010).

2) 시민사회의 성장

현대사회의 변화와 문제는 시민사회의 성장을 초래하였다. 사회문제의 복잡화는 정부의 역할에 회의를 갖게 했고 이에 대한 대안으로 공적 권위에 대항하거나 상호 협치(governance)하는 순수한 민간의 자율적 영역으로서 시민의 역할과 활동이 강조되고 있기 때문이다(현외성, 2010).

'시민'이란 개념은 근대적 주체의식과 자각을 지닌 각성된 국민이라는 점에서 '국민'이라는 개념과 구별된다(김혜련, 2011). 어떤 사람이 특정 사회에서 시민으로 인정받는 것은 그 사회의 주체적 성원으로서 사회에 대한 책임과 의무를 이행하는 동시에 권리를 행사할 수 있는 주체로 인정받는 것을 의미한다. 따라서 시민은 국가의 아래에 있지 않고 국가와 함께, 또는 시민을 위해 존재하는 실체이기 때문에 시민이 직면한 사회문제를 해결하고 사회를 긍정적으로 변화시키기 위한 노력을 기울일 책무가 있는 것이다.

최근 비정부조직(NGO)이나 민간비영리단체가 중심이 되어 공공 서비스의 생산, 민주적 가치의 재생산, 인간소외의 극복에 역량을 모으고 각종 사회문제에 대한 진단과 해결의 대안을 제시하는 등의 활동을 활발하게 전개하고 있는 것도 이러한 시민의식의 확장에 의한 것이며 사회봉사는 시민의 노력의 일환으로서 중요해지고 있다.

따라서 사회에 대한 봉사는 사회적 부담을 나누어 가져야 할 공동체 구성원으로서의 책임과 지역사회의 문제를 함께 해결하여 지역주민이나 공동체 구성원으로서의 행복과 복지를 보장하기 위한 시민의 주요한 활동이 되고 있다.

3) 인간의 존엄과 인권의식 강화

인권(human rights)은 인간의 존엄과 가치를 지켜주는 기본적 권리로서 시대나 상황과 무관하게 '인간답게 살 권리'를 말한다. 즉, 모든 인간은 그 무엇으로부터도 침해받거나 무시될 수 없는 존엄성을 가지고 있으며 국가나 사회는 이러한 인권의 개념을 바탕으로 사회구성원이 인간다운 삶을 지키고 유지하도록 할 의무가 있다(Connolly & Ward, 2008). 인권에는 나의 인권을 보장받는 것뿐 아니라 다른 사람의 인권을 존중하는 상호 존중의 의미가 내포되어 있다.

봉사는 바로 이러한 사회구성원의 인권을 보장하고, 존중함으로써 나의 인권을 존중받는 가장 기본적인 방법이다. 동등한 인간으로서 사회의 취약계층이 사회구조적 문제로 인해 원치 않는 빈곤과 장애, 차별, 소외 등에 직면했을 때 말로만 인권을 존중하는 것이 아닌 행동으로 옮겨져야 하는 것이 바로 진정한 인권 존중이며 이는 봉사를 통해 이룰 수 있기 때문이다.

최근 국내에서도 인권의식이 향상되고, 사회구성원이 사회적 약자나 차별에 대한 시정의 욕구, 즉 사회정의에 대한 관심이 높아지면서 시민 상호 간 인권보장의 한 방법으로 봉사가 강조되고 있다.

핵심어 찾기

memo

2. 사회봉사의 개념과 필요성

1) 사회봉사의 개념

봉사를 영어로 하면 'voluntarism' 혹은 'volunteering'으로 표기된다. 이들 단어의 어원은 '자유의지'라는 뜻의 라틴어 'voluntas'인데 이 단어의 'volunt'에 행위자를 나타내는 접미사 '-er'을 붙여 봉사자를 의미하는 볼런티어(volunteer)가 되었다. 볼런티어, 즉 봉사자라는 용어는 초기에는 군대 지원병의 의미로 주로 사용되다가 현재에 와서 지금과 같은 의미로 발전되었다(권중돈 · 조학래 · 김기수, 2008).

이를 근거로 한 사회봉사의 개념을 살펴보면 맨서(G. Manser)와 캐스(R. H. Cass)는 사회봉사를 '자신이 선택한 사회봉사기관을 통하여 활동하고, 창조하고, 실험하고, 또 새로운 목표를 달성하려고 노력하는 과정으로서 이를 통해 최대의 자유와 민주적 과정 속에서 독특한 역할을 수행하며, 공익의 어떤 요소를 증진 또는 촉진시키기 위하여 자발적으로 노력하는 활동'이라고 정의하였다(유동철 · 이미라 · 박소연, 2011 : 18 재인용). 한국사회복지협의회(1987)에서는 '사회봉사란 사회문제의 예방 및 해결 또는 국가의 공익사업을 수행하고 있는 공 · 사의 조직에 자발적으로 참여하여 영리적 보상을 받지 않고서도 인간존중의 정신과 민주주의의 원칙에 입각하여 낯선 타인들을 상대로 필요한 서비스를 제공함으로써 사회의 공동선을 고양시킴과 동시에 이타심의 구현을 통해 자기실현을 성취하고자 하는 활동'이라고 정의하고 있다. 따라서 이러한 개념을 포괄했을 때 사회봉사는 '사회문제의 예방과 해결을 위해 사회구성원이 인간존중의 정신과 자유 및 평등의 민주주의 원칙에 입각하여 자발적인 동기에 의해 행하는 공익적 행위'로 정의할 수 있다.

사회봉사라는 개념은 종종 자원봉사의 개념과 혼용하여 쓰이는데 이는 사회봉사가 자원봉사의 어원에 뿌리를 두고 있고 봉사활동에 대한 물질적 · 경제적 보상을 기대하지 않는다는 면에서 두 개념이 유사하기 때문이다. 그러나 자원봉사는 봉사활동을 실천하는 사람의 자발성, 즉 개인적이고 주체로서의 의도에 초점을 맞춘 개념인 반면, 사회봉사는 봉사활동을 실행하는 장소나 현장 혹은 대상으로 지역사회와 사회구성원을 강조하는 개념이라는 점에서 차이가 있다(현외성, 2010). 이는 사회봉사가 대학의 특수성을 반영한 용어이기 때문인데, 그동안 사회복지사업에 대한 전문지식의 유무와 관계없이 개인과 기관 및 지역사회를 위해 물질적 반대급부 없이 자발적으로 봉사활동에 참여하거나 협력하는 일반적인 모든 활동을 봉사활동, 즉 자원봉사로 인식하였으나(김 욱, 2006), 대학이 봉사활동에 학점을 부여하는 등 의도적 목적하에 봉사활동을 활성화시키면서 자원봉사와 구별되는 사회봉사의 개념이 필요하게 된 것이다. 따라서 대학에서는 자발성을 강조하는 자원봉사와 별도로 학점제나 봉사학습 등의 측면에서 실행되는 것을 사회봉사라는 용어로 구별하여 사용한 것이다. 그러나 이러한 차이에도 불구하고 국내에서는 사회봉사와 자원봉사가 의미상 유사한 개념으로 인정되고 있기도 하다.

핵심어 찾기

memo

2) 사회봉사의 필요성

(1) 사회문제에 대한 대처와 예방

도시화 및 산업화, 핵가족화 등 다양한 사회변동은 새로운 사회적 욕구를 발생시키고 있으며, 노령화로 인한 노인인구의 증가, 각종 교통사고와 산업재해로 인한 장애인의 확대, 가족해체 현상으로 인한 한부모가정이나 소년소녀가정 문제, 소득 양극화와 빈부격차 심화로 인한 빈곤층 증가 등 다양한 사회문제를 노출시키고 있다.

현대사회의 문제는 개인의 책임이라기보다 사회·환경적 요소에 막대한 영향을 받고 있어 해결에 있어서도 개인적 노력만으로는 어렵고 기존의 사회적·제도적 장치만으로도 해결하기 힘들다(권중돈 · 조학래 · 김기수, 2008). 따라서 비록 전문적 서비스가 필요하지는 않지만 가족구성원이나 사회적 도움이 필요한 사회구성원이 늘고 있으며 이에 따른 타인의 손길이 필요하다. 사회구성원의 봉사활동은 이러한 측면에서 필요하다.

(2) 공동체의 약화 방지

인간은 사회적 존재로 사회생활을 통해 타인들과 어울려 살아갈 수밖에 없다. 그러나 현대사회는 급속한 과학문명의 발달로 편리한 생활을 가져다 준 반면, 인간의 소외라는 사회적 문제가 증가하고 있고, 공동체로서의 사회적 기능 또한 빠르게 약화되고 있다. 이는 사회구성원의 질적인 사회생활의 수준이 취약해짐을 의미하며, 특히 사회적 약자의 생활이 한층 어렵게 될 수밖에 없어 사회문제로 이어지는 악순환 구조가 형성되는 원인이 되기도 한다.

따라서 사회적 문제를 해결하거나 예방하기 위해 공동체 의식의 회복이 필요하며 이를 통해 공식적 조직이나 제도가 수행하기 어려운 각종 생활문제를 사회구성원들이 협력하여 함께 해결하고 예방하여 사회구성원들의 삶을 안정화시킬 수 있다. 이러한 점에서 봉사는 1차적으로 다양한 활동을 통해 개인이나 집단의 역량을 키우고, 지역사회의 안정을 유지시켜 줌은 물론 사회적 약자의 사회적응을 돕고 일탈을 막아 공동체 의식을 다지는 데 도움을 제공한다(Kohn & Wohl, 2010). 이를 통해 사회구성원으로서 봉사자는 자신이 속해있는 사회에 대하여 공동체 의식과 사회적 책임을 실천할 수 있는 기회를 가지는 것이다.

(3) 봉사자의 성장과 인성개발

사회봉사는 봉사의 수혜를 받는 대상자뿐 아니라 봉사자 그 자신에게도 중요한 영향을 끼친다. 봉사활동 그 자체로서 각 개인이 성장하고 성숙하는 데 중요한 매개체로 작용하기 때문이다(Moore & Allen, 1996). 가령 대학생의 경우 자신의 전공과 연계된 봉사를 사회현장에서 실제로 적용해 보고 학습함으로써 인간과 사회, 전공에 대한 이해의 폭을 넓히고 자신의 적성과 진로의 가능성을 가늠해 볼 수 있을 것이다.

또 각 개인은 자기 자신뿐 아니라 타인과 함께 봉사의 유익한 경험을 가짐으로써 책임감과 자기신뢰 등의 인격적 성장을 기대할 수 있고(홍연숙, 2002), 사회적으로 인정받을 수 있는 기회를 얻거나 사회적 관계망을 확대하는 등의 사회적 자본을 생성할 수 있다(Antoni, 2009).

(4) 여가선용과 사회참여의 확대

현대사회는 노동시간이 점차 짧아지고 있으며 힘든 일은 자동화로 거의 해결되고 있다. 이에 따라 사람들은 많은 여가시간을 향유하게 되었고, 의미있는 시간의 활용을 요구하게 되었다. 이러한 측면에서 봉사활동은 보람있는 여가선용의 한 방안이 될 수 있다. 봉사활동을 통해 그동안 경험하지 못한 상황과 다른 사람의 생활을 경험해 보고 새로운 환경을 접해 봄으로써, 자신을 돌아보고 삶의 보람과 희망을 갖게 되기 때문이다.

민주사회 시민으로서 사회문제에 대해 관심을 가지고, 주체적으로 사회에 참여하여 문제를 해결하기 위한 하나의 방법으로 봉사활동을 활용한다면 봉사자뿐 아니라 봉사자가 속한 전체 사회의 개선에 기여할 수 있다는 점에서도 중요하다.

핵심어 찾기

memo

3. 사회봉사의 가치와 특징

1) 사회봉사의 가치

사회봉사는 그 자체로서뿐 아니라 기본적으로 전제하고 있는 가치 때문에 중요하다. 따라서 단순히 활동에만 초점을 둘 것이 아니라 봉사활동의 가치를 음미하면서 활동한다면 훨씬 더 봉사자 자신이 행하는 활동의 보람과 의미를 발견할 수 있을 것이다. 가치(value)란 쓸모나 중요성을 의미하는 것으로 봉사자에게 내면화될 때 봉사활동도 올바른 방향으로 수행될 수 있다. 따라서 사회봉사에 앞서 봉사자는 다음과 같은 사회봉사의 가치에 대한 인식이 필요하다.

(1) 인간 존엄성 존중

봉사는 기본적으로 특정 개인이나 집단 또는 특정 사회의 이익만을 위해 존재하는 것이 아니라 전체 사회와 사회구성원 그리고 각 개인의 인간다운 삶과 삶의 질을 위한 것이다. 인간이면 누구나 천부적으로 타고난 권리를 지니고 있으며, 존엄한 존재로 그 누구도 함부로 다뤄져서는 안 될 만큼 소중하기 때문이다. 내가 소중한 만큼 타인도 소중하게 여기는 인간 존중 정신의 실현이 바로 봉사이다.

따라서 사회봉사는 사회구성원 각 개인을 존중하려는 노력이자 활동이라고 할 수 있다. 이를 실현하기 위해서는 개개인의 자주성과 독립성을 존중하고 보호하여야 하며 일방적 도움이 아닌 상호 간의 신중한 의사소통과 동의, 협조 그리고 동등한 참여가 전제되어야 한다.

(2) 사회적 연대감 향상

인간은 사회적 존재이다. 사회적 상황이나 문제는 구성원 한 사람만의 문제에 국한하지 않고 복잡하게 얽혀있으며 모든 구성원에게 영향을 미치게 된다. 따라서 전 구성원은 사회적 연대의식을 갖고 대응하여야 한다. 즉, 봉사활동은 개인적 박애정신이나 자선의 동기보다 권리와 함께 의무를 지닌 시민으로서 함께 사회문제를 예방하고 해결하기 위한 책임을 다하는 것이라고 할 수 있다.

(3) 개별성 보장

모든 인간이 갖는 공통적인 특성과 욕구가 있는 반면, 개인에 따라 독특한 특성과 욕구도 있다. 봉사를 통해 도움을 받게 되는 대상자 개개인마다 그들이 처해있는 상황과 특징이 유사해 보일지라도 그들마다 원하는 도움의 내용과 방식이 각자 다를 수 있다. 따라서 봉사는 그 대상자를 획일적, 일률적으로 보지 않고 독특한 개성과 욕구를 지닌 개별적 존재로 인정하고 존중하며 이에 맞는 개별화된 도움을 주어야 한다.

(4) 잠재력 개발

봉사 대상자는 대개 사회적으로 취약하거나 약자인 경우가 많다. 외견상 무기력하고, 무능하게 보일 수 있으나 실제로 대상자 역시 자신의 문제에 대처할 수 있는 잠재력을 지닌 사람들이다. 따라서 봉사자의 역할은 대상자의 잠재된 능력과 역량을 믿고 도움을 주는 과정이나 문제해결과정에서 대상자가 주도적, 적극적으로 참여할 수 있도록 돕는 것이다. 따라서 대상자가 원하는 것을 무조건적으로 모두 해주려는 자세에서 벗어나 대상자가 스스로 할 수 있도록 지지하고 필요할 경우 보완해 주는 보조적 역할을 하는 것이 올바른 봉사활동이다.

핵심어 찾기

memo

2) 사회봉사의 특징

(1) 자발성

자발성은 사회봉사에서 가장 핵심적인 특징이다(유동철 · 이미라 · 박소연, 2011). 사회봉사는 사회적 위기나 사회적 문제를 시민이 스스로 적극적으로 대처하고 행동하는 자발적인 특성이 있으며, 이러한 자발성은 사회봉사활동의 기본적 가치이며 다른 모든 가치의 기반이 된다. 특히 자발성은 민주주의의 기본원칙인 자유, 또는 자율과 맥락을 같이하는 개념으로 스스로의 결정과 스스로의 의지에서 해야 한다는 점에서 중요하다. 사회봉사가 자발성에 기초하지 않을 경우 계속적이지 못하고 일회성에 그칠 가능성이 높기 때문에 더욱 그렇다.

국내의 경우 사회봉사활동을 학교성적 및 진학에 반영하거나 정부의 공무원 연수과정에서 의무사항으로 정해지고, 기업에서도 채용이나 승진 등의 인사정책에 반영하면서 사회봉사의 자발성을 훼손한다는 부정적 여론도 제기되고 있다. 이러한 지적들을 극복하기 위해서는 대학에서 학점이수를 위한 비자발적 · 이기적 동기에서 사회봉사를 시작한다고 하더라도 봉사를 하겠다고 마음을 먹은 순간부터는 자발적이고 적극적으로 봉사에 임하겠다는 마음가짐이 필요하다. 결국 사회봉사는 스스로 원할 때 의미가 있으며 단순히 개인적 편의와 이익을 위해서가 아닌 사회구성원의 의무로서 인식할 때 봉사의 의미와 가치도 제대로 느끼고 이해할 수 있다.

(2) 이타성

사회봉사는 의지만 있다고 되는 것은 아니다. 봉사자의 의지에 의한 자발적 행위가 '타인'의 복지를 향상시킬 수 있을 때 완성된다. 이것이 바로 '이타성'이다. 이타성은 혈연이나 친인척, 이해관계와 상관없이 다른 사람이나 사회의 선을 위한 헌신을 의미하는 것으로 봉사활동과정에서 상대적 이타주의 정신이 요구된다(임은희 외, 2011).

현실적으로 절대적인 이타주의를 갖는 것은 불가능하지만 대체적으로 이웃의 어려움을 보고 무언가 도움의 손길을 보내야겠다는 인간으로서의 소박한 마음으로부터 봉사활동을 시작하는 것이다. 이타성은 '타인과 나를 동시에 살리는 행위'로서 사회봉사를 통해 타인에게 도움을 주고 더불어 스스로도 만족이나 기쁨, 보람, 삶의 지혜를 얻을 수 있어야 한다는 점에서 자기희생과 구별된다.

(3) 무보수성

사회봉사는 민주시민으로서 당연히 해야 할 의무이며, 자신의 행복을 추구하기 위한 자발적 행동이므로 대가를 바라지 않는, 무보수성을 강조한다. 무보수성이란 사회봉사활동에 대해 금전적 보상을 받지 않음을 의미하는데, 정신적인 만족과 삶의 가치를 구하는 이외에 물질적 보상을 기대하는 것은 사회봉사활동의 기본 원칙에 어긋나며 봉사의 순수성 측면에서도 맞지 않다(유동철 · 이미라 · 박소연, 2011).

물론 교통비 등 사회봉사에 소요되는 최소한의 경비를 지급한다든지 '학교성적에의 반영', '채용과 승진에의 반영' 등 반대급부적 요소가 있을 수 있지만 이는 '보상'이라기보다 사회봉사활동을 원활히 하기 위한 최소한의 장치로 볼 수 있을 것이다. 보상을 바라고 행하는 사회봉사는 사회구성원으로서의 책무성을 희석시키며 봉사의 윤리적 가치를 훼손하여 봉사자 본인에게도 활동의 기쁨과 보람을 느끼지 못하게 한다.

(4) 지속성

타인을 돕고자 하는 마음이 오늘 생겼다가, 내일 없어지는 것이 아니며 사회문제가 금방 사라질 것들이 아니라면 사회

핵심어 찾기

memo

봉사활동은 우리 삶에서 지속적으로 이루어져야 한다. 특히 사회봉사는 대상자와 관계자, 더 나아가서는 봉사기관과의 '관계'의 문제이기 때문에 지속적인 만남과 친밀감 형성, 업무의 적응 등이 필요하여 일회성이 아닌 계속성을 띠어야 한다.

사회봉사활동이 외부의 강제나 압력, 또는 체면 때문에 하는 것이라면 그 일은 오래갈 수 없는 것처럼 타인에 대한 관심과 애정으로 시작하지 않은 경우도 오래 가기 힘들다. 사회봉사활동은 하나의 사회활동으로서 일생동안 이루어져야 하며, 도움을 주는 입장은 훗날 도움을 받는 입장이 될 때 더욱 당당할 수 있다.

생각해 봅시다!!

1. 현대사회에서 사회봉사의 필요성이 커지는 배경을 간단히 기술해 보세요.

2. 사회봉사의 개념을 정리해 보세요.

3. 사회봉사와 자원봉사의 차이가 무엇인지 생각해 보세요.

4. 사회봉사의 네 가지 특징과 그 의미를 생각해 보세요.

Chapter 02

대학 사회봉사의 이해

1. 대학과 사회봉사
2. 대학 사회봉사의 개념과 특징
3. 대학 사회봉사의 목적

CHAPTER

02 대학 사회봉사의 이해

학습 목표

1. 대학 사회봉사의 개념을 이해한다.
2. 대학의 기능 중 봉사의 기능을 이해한다.
3. 대학 사회봉사의 목적을 이해한다.

핵심어 찾기

memo

1. 대학과 사회봉사

대학이 수행하는 기능은 다양하지만, 그중 핵심적 기능은 교육, 연구, 봉사 등이다. 이를 좀 더 구체적으로 설명하면 첫째, 학문을 전수하고 배우는 교육의 기능이다. 즉, 대학은 축적된 전문지식과 기술을 다른 세대로 전수하고 더욱 많은 사람에게 교육함으로써 지식과 기술의 확산을 도모하는 기능을 담당한다. 둘째, 진리탐구에 매진하여 학문을 창조하는 연구의 기능이다. 즉, 대학은 변화하는 현실세계에서 변화하지 않는 일반법칙과 진리를 탐구하는 기능을 수행한다. 셋째는 연구의 기능과 학문, 교수기능에 의한 결과를 직접 사회에 적용하고 응용하여 사회에 환원하는 사회봉사 기능이다. 즉, 대학은 자신이 가진 지식과 기술을 사용하여 지역사회의 문제해결과 지역주민의 삶의 질 향상을 위해 사회에 기여해야 한다(김정진 외, 2005).

따라서 교육, 연구, 봉사의 세 가지 기능을 균형있게 수행해나가는 것이 대학의 본질이라고 할 수 있다. 그러나 대학의 세 가지 기능 중 교수와 연구의 기능에 비해 봉사의 기능은 그동안 소홀히 취급되어온 경우가 많다. 즉, 대학이 사회발전을 주도하거나 사회의 참여요구를 수용하기보다 사회와 분리되어 순수 학문탐구에 치중해온 것이 사실이다.

사회의 급속한 변화와 함께 대학도 진리탐구와 전문지식 및 기술의 교수라는 틀 안에서 벗어나 사회의 요구와 필요에 부응하여 사회가 요구하는 실용학문을 대중화하고, 사회발전에 기여해야 하는 사회봉사의 기능이 최근 강조되고 있다. 대학이 본연의 기능을 수행하기 위해서는 교육내용의 현실성과 유용성, 적합성을 확보하고 아울러 배운 지식과 기술을 현실사회에 적용함으로써 사회발전에 기여할 수 있어야 하는데 그 방법의 하나로 사회봉사를 채택할 수 있다. 이를 통해 대학생들이 대학을 졸업하면서 사회에 나가 제 역할을 충분히 다할 수 있는 인재로 양성될 수 있을 것이다.

2. 대학 사회봉사의 개념과 특징

대학은 그동안 상아탑의 이념 속에서 교육 및 연구 기능만을 강조해왔으며 상대적으로 봉사기능의 중요성을 간과해온 경향이 있으나 최근 들어 전인교육과 실용주의 교육이 강조되고, 교육이 현실사회와 연계될 때 비로소 교육의 효과를 논의할 수 있다는 인식이 높아지면서 사회봉사에 관심을 가지기 시작했다(홍연숙, 2002).

봉사활동에 대해 일반적으로는 자원봉사활동이라는 용어를 많이 쓰고 있으나 대학에서는 '대학 사회봉사' 혹은 '사회봉사'라는 용어를 주로 쓴다. 이는 대학생이라는 특정 주체가 중심이 되어 봉사활동에 참여한다는 점에서 일반인이 참여하는 자원봉사활동과 구별되며 봉사활동과 관련된 교과목 및 학점이수를 통해 대학에서 배우고 익힌 지식과 기술을 사회에 적용, 실습, 활용함으로써 개인의 발전뿐 아니라 사회발전과 인류의 발전을 도모한다는 점에서 보상을 바라지 않는 무보수성의 이타적 자원봉사와도 구별되기 때문이다. 따라서 대학 사회봉사는 '대학과 대학생들이 학교에서 배운 학습내용을 사회에 실제화하고 스스로 참여하여 실천하는 노력을 기울임으로써 인간 존중과 공동체의식을 함양하고 바람직하고 유능한 인재로 성장할 수 있도록 돕는 제반적 봉사활동'이라고 정의할 수 있다.

대학의 사회봉사는 교육을 위한 학습의 연장이자 경험학습의 한 방법으로 봉사와 학습의 효과를 동시에 두고 있다는 특징이 있다. 즉, 대학의 사회봉사교육은 강의실 중심의 학습이 아니라 사회봉사를 통한 현장학습이자 현장교육이라고 할 수 있다. 이 때문에 대학의 사회봉사를 다른 말로 봉사학습, 교육학습으로 칭하기도 한다.

봉사학습은 행동에 의한 학습(learning by doing), 경험에 의한 학습(learning experience)이라는 경험교육의 철학에서 유래되어 자발적 참여를 통한 배움(volunteer learning), 봉사대상자와의 만남을 통한 배움(encounter learning), 봉사대상자를 받들고 섬기는 과정을 통한 배움(service learning) 등 세 가지 배움의 영역을 내포하고 있다. 따라서 봉사학습은 봉사에 필요한 사전 준비(preparation)를 하고, 적극적으로 참여하여 직접 행동으로 실천(action)하고, 그 과정과 결과를 돌이켜 성찰(reflection)하는 과정에서 학습하는 것이라고 할 수 있다.

핵심어 찾기

memo

3. 대학 사회봉사의 목적

대학은 진리탐구와 교육 외에도 사회구성원으로서 사회의 요구와 필요에 봉사하여야 하며 다음 세대를 이끌어갈 대학생들이 사회의 여러 분야에 대한 실천적 경험과 통합적 이해능력, 종합적 사고능력을 갖출 수 있도록 기회를 마련하여 인재양성과 사회발전에 기여할 수 있어야 한다(류기형 외, 2011). 대학은 사회 속에 존재하므로, 사회변화와 사회적 요구에 부응할 의무가 있는 것이다. 이처럼 대학에 대한 사회적 책임의 요구와 함께 대학 사회봉사의 필요성도 더욱 커지고 있다.

대학이 사회봉사에 적극 나서야 하는 이유에는 여러 가지가 있지만 첫째, 대학성원이 봉사를 통해 교육적 효과를 도모할 수 있다는 것이다. 사회봉사 교육과정이 인간과 인간의 만남, 사회문제의 이해, 시민으로서의 사전 경험의 습득 등과 같은 기회를 갖게 됨으로써 학생의 기본적 인성교육과 시민의식을 함양하는 교육의 기능을 수행하기 때문이다.

둘째, 사회현장이나 사회구성원과의 교류활동을 통하여 학습이 이루어지므로 대학교육을 확대, 보완하는 기능을 수행한다. 즉, 학생 자신의 전공분야의 연구대상이나 현상에 대한 이해력을 증진시키고, 학습한 지식과 기술을 현장에 적용할 수 있는 기회를 주며, 자신의 진로선택을 되돌아 보며 전공에 대한 정체감을 형성할 수 있는 기회를 부여해 준다.

셋째, 도움을 필요로 하는 대상에게 도움을 제공해 주는 과정에서 자기 스스로를 성찰하고 새로운 삶을 설계할 수 있도록 하는 인간교육의 기회를 제공한다. 또한 사회문제에 대한 정확한 인식을 도모하고 사회적 불평등과 부정의를 직접 접함으로써 사회구조적 문제를 해결하고자 하는 의지와 합리적으로 문제를 해결할 수 있는 대안모색의 능력을 키워주며 도덕성과 윤리적 가치판단 능력을 향상시킬 수 있다.

넷째, 사회구성원으로서 사회적 책임의식을 갖고 봉사가 필요한 대상과 기관은 물론 대학과 대학생 스스로도 시민의 삶의 질 증진에 기여하는 사회복지기능을 수행한다.

다섯째, 봉사정신과 봉사활동을 통해 다양한 문화에 대한 이해를 넓히고 다양한 계층에 속한 사람들과의 의사소통이나 대인관계 기술을 습득하며, 사회구성원의 심리적 연대가 이루어지고 사회의 계층, 지역 그리고 전문분야 간 통합을 촉진시키는 역할을 수행한다.

여섯째, 건전한 대학문화 정착과 대학구성원의 자기계발 기회를 제공한다.

핵심어 찾기

생각해 봅시다!!

1. 대학 사회봉사와 일반인 봉사, 대학 사회봉사와 자원봉사는 어떻게 다른지 비교해 보세요.

2. 대학의 3대 기능 중 하나로 봉사가 포함되는 이유를 설명해 보세요.

3. 대학 사회봉사의 목적을 써보세요.

Chapter 03

사회봉사의 영역

1. 사회봉사 영역의 다양성
2. 사회봉사 영역의 제 분류

CHAPTER

03 사회봉사의 영역

학습목표

1. 사회봉사 영역의 다양성을 이해한다.
2. 사회봉사의 거점별, 분야별 영역을 이해한다.
3. 사회봉사의 기관별 영역을 이해한다.

핵심어 찾기

memo

1. 사회봉사 영역의 다양성

현대사회에 들어 사회봉사는 이제 하나의 일상적 생활이 되었다. 우리의 생활환경을 되돌아 보면 봉사를 할 곳과 도움을 줄 수 있는 봉사업무가 의외로 많다. 봉사활동은 삶의 모든 영역에서 이루어질 수 있기 때문에 봉사활동의 영역을 하나의 기준에 의해 설정한다는 것은 쉽지 않다. 어디서 봉사를 할 것인지를 결정하기 위해서는 봉사활동의 영역을 먼저 개인을 위한 봉사인지, 집단을 위한 봉사인지, 지역사회의 환경이나 사회제도의 개선을 위한 것인지 등의 사회봉사활동 수준에 따라 구분하거나 개인이나 가정, 사회복지이용 및 생활시설, 혹은 보다 넓은 영역의 포괄적 지역사회기관 등의 활동거점을 기준으로 나눌 수도 있다. 이와 함께 어떤 기관에서 봉사를 하는지에 따라서도 그 영역이 달라질 수 있다.

활동영역이 다양하다 보니 활동 내용과 대상도 다양해지는데 직접봉사와 사무봉사, 정책보조 등의 활동중심으로 분류하기도 하고 아동, 청소년, 노인, 장애인, 여성, 외국인 노동자, 지역주민 등 대상자별로 세분화되기도 한다. 결국 봉사활동의 영역과 분야, 활동내용의 다양성 때문에 개인의 이익을 도모하기 위한 활동을 제외한 거의 모든 활동을 봉사활동으로 분류할 수 있으며 그 영역도 마찬가지라고 할 수 있을 것이다.

2. 사회봉사 영역의 제 분류

사회봉사의 영역은 앞서 설명했듯 매우 다양하지만 이 장에서는 봉사활동의 거점과 전문분야, 기관을 중심으로 간략히 살펴본다.

1) 활동거점별 봉사영역

봉사활동을 원활히 하기 위해서는 봉사자나 봉사에 관심이 있는 사람들이 자신의 동기나 욕구에 맞게 참여할 수 있는 다양한 봉사활동 영역에 대한 정보를 제공하고, 또 제공받을 수 있어야 한다. 그러나 다양한 봉사활동 영역과 광범위성으로 인해 모든 사람이 만족할 만한 활동영역을 제시하기가 쉽지 않다. 봉사활동 영역의 가장 일반적인 분류로서 활동을 어디에서 하느냐에 따라 구분하는 거점별 봉사영역을 먼저 살펴본다.

(1) 개인 및 가정

전통적인 봉사활동은 이웃끼리 서로 돕는 공동체 활동이었으며 주민협동체를 구성하거나 개인적 차원에서 도움이 필요한 가정이나 개인에게 직접 찾아가 봉사를 하는 것이었다(권중돈 · 조학래 · 김기수, 2008). 그만큼 사회봉사에서 개인과 가정을 대상으로 한 봉사는 뿌리가 깊고, 보편화되어 있다. 현대복지의 주된 흐름 중 하나도 보호가 필요한 사람을 기관이나 시설 등지에 수용하는 것으로는 그 본래의 목적을 충실히 달성하는 데 한계가 있다고 보고 보호나 도움이 필요한 사람들이 가장 익숙하고 편한 가정에서 생활하도록 지원하면서 가정으로 찾아가 도움을 주는 방향으로 변화되었다.

도움이 필요한 대상자들이 각자의 가정에 머물면서 필요한 도움을 받는 것이 자립이나 자활에 더 효과적이라는 사실에 기초하여 사회봉사의 거점도 가정으로 이동하고 있다(유동철 · 이미라 · 박소연, 2011). 따라서 주변의 보호가 필요한 개인과 가정이 봉사활동의 터전이 될 수 있다. 봉사자들이 기관이나 관련시설이 아닌 각 가정에서 대상자나 그 가족을 위해 봉사를 수행하는 재가복지 봉사가 바로 이러한 유형에 든다.

(2) 기관 및 시설

우리 사회에는 특정 목적을 달성하기 위해 조직된 기관, 시설, 단체 등이 다양하게 있는데 사회복지기관과 시설, 공공기관, 환경단체, 법률단체, 교육기관, 의료기관, 경제단체, 정치단체, 문화 · 체육 · 관광시설, 종교 · 사회단체 등이 대표적이다. 최근까지도 사회봉사의 주요 거점은 이런 시설이나 기관들이었으며 이곳에서 이용자의 욕구충족과 사회적 목적달성을 위해 많은 봉사자를 필요로 해왔다.

이 중 봉사자가 가장 많이 필요한 곳은 취약계층이 주로 이용하거나 보호를 받고 있는 사회복지시설로 이용시설과 생활시설 등이 있다. 이용시설은 기관의 서비스를 선택하여 이용할 수 있는 기관으로 지역에 거주하거나 자신의 집에 살면서 도움이 필요한 사람들을 대상으로 각종 서비스를 제공하는 기능을 수행한다. 반면 생활시설은 아동, 노인, 장애인 등의 요보호계층이 입주하여 모든 의식주를 시설 내에서 제공받고 생활하는 곳이다. 이들 사회복지시설은 국가, 지방자치단체, 사회복지법인, 비영리법인, 개인 등이 설치하여 운영하며 재정은 정부보조금, 운영주체의 자체수입, 후원금, 기부금, 이웃돕기 성금으로 조달하고 있으나 도움이 필요한 모든 대상자를 지원하는 데는 한계가 있어 후원이나 민간단체 및

핵심어 찾기

memo

조직, 집단, 개인의 봉사가 절실하다.

(3) 지역사회

지역사회란 일정한 지리적 공간 안에서 그 구성원들이 사회적 · 심리적 유대를 가지고 상호부조를 통해 기본적 욕구를 충족시키는 사회집단의 집합체(Mattessich & Mnosey, 1997)로 근린지역이나 읍 · 면, 도시 등을 의미하는 것에서부터 넓게는 국제사회에 이르기까지 여러 가지로 구분될 수 있다. 이 책에서는 앞서 제시한 개인과 가정, 그리고 기관 및 시설과 관련된 봉사영역이 모두 지역사회에 포함되지만 이들과 구별하여 또 다른 포괄적 영역을 제시하기 위해 개인 및 가정, 기관 및 시설을 제외한 나머지를 지역사회 거점으로 정의한다. 지역사회 영역은 지역 내 산 · 강 · 공원 등의 자연환경보존구역이라든지 학교 주변 유흥가, 범죄다발지역, 문화재, 교통환경, 재해지역, 지역 행사장 등 포괄적이면서 세세한 생활환경을 포함한다고 할 수 있다.

2) 전문분야별 봉사영역

(1) 사회복지 분야

사회복지 분야에서의 봉사활동은 생활시설 중심의 활동과 이용시설 중심의 활동으로 구분되는데 일반적으로 보육원, 양로원, 재활원 등과 같이 대상자를 입소시켜 수용, 보호하는 곳을 생활시설이라고 하고 가정 등의 거주지를 두고 도움이 필요할 경우 기관을 직접 방문, 이용하여 필요한 서비스를 받는 곳을 이용시설이라고 하는데 사회복지관, 지역아동센터, 정신보건센터 등이 대표적 이용시설이다. 또 자신의 집 안에 기거하면서 외부의 각종 서비스를 가정에서 지원받는 재가복지서비스 기관도 최근 증가하고 있는 추세에 있다.

봉사대상은 주로 아동 · 청소년, 장애인, 노인, 저소득계층 등 우리 사회의 약자층에 속하는 사람들이다.

(2) 보건 · 의료서비스 분야

보건 · 의료서비스 분야에서의 봉사자는 보건소나 병원, 요양시설 등에서 의사나 간호사의 보조자, 접수 안내자 등으로 활동하거나 의료서비스에 쓰일 기금조성에 앞장서는 기금조성자로 활동하기도 한다. 또 몸이 불편한 환자를 위해 차량봉사를 하거나 불의의 사고 혹은 질병, 사망 등의 일을 당한 가정에 문병자로 봉사하며 경우에 따라 식이요법과 건강생활을 위한 자문위원으로 활동하기도 한다. 의료분야의 자원봉사활동으로 잘 알려진 것은 병원이나 요양시설 등에서의 호스피스(hospice) 활동이 있으며, 이 외에는 병실안내, 가족상담 등의 환자지원, 식사서비스, 환자 접수 및 안내, 기록정리, 임상업무 보조 등이 있다. 또한 물리치료, 수지침, 한방 등의 의료활동이나 활동보조 등 다양하게 행해지고 있다.

(3) 교육분야

교육은 국민의 권리이자 의무이지만 교육혜택으로부터 소외되어 있는 계층이 적지 않다. 그 대상은 아동, 청소년, 장애인, 교육의 기회를 놓친 일반 성인, 노인 등 다양하다.

특히 아동이나 청소년의 경우 일반적인 초 · 중 · 고등학교에서 학습 및 발달의 문제뿐 아니라 사회복지시설에서 생활하거나 지역사회의 저소득층 한부모가정이나 해체가정에서 지내면서 겪는 학습부진이나 학습보완을 개선하기 위해 지역아동센터나 복지관 등을 중심으로 교육봉사 등을 지원받는 경우가 활발하다. 따라서 이들을 위한 다양하고 체계적인 교육봉사자 및 봉사 프로그램의 필요성이 커지고 있다.

핵심어 찾기

memo

(4) 공공분야

봉사활동은 사회복지 관련 영역에서만 이루어지는 것이 아니라 사회구성원 전반에게 이득이 돌아갈 수 있도록 인력이 충분치 않은 비영리 공공기관에서의 공익적 봉사활동으로도 많이 이루어지고 있다(고재욱 외, 2011).

공공기관에서의 봉사활동은 각 공공기관에 직접 접촉하거나 각 구(區)별로 조직되어 있는 지역별 자원봉사센터(www.1365.go.kr)를 통해서 알선을 받을 수 있으며 주로 구청 등 관공서나 학교, 병원, 도서관, 체육시설, 문화예술시설, 경찰서, 소방서, 우체국, 법원, 교정시설, 직업보도시설, 공항, 관광시설에서 봉사활동을 하게 된다.

이 외에도 국제화, 세계화에 맞춰 국제사회를 위한 봉사활동이 점차 활발해져가고 있는 추세이다. 1991년 외무부 산하 정부출연기관으로 한국국제협력재단이 설립되고, 그 산하단체인 한국청년해외봉사단이 개발도상국 주민들과 함께 생활하면서 봉사활동을 적극적으로 펼치면서 해외봉사의 영역도 점차 확장되고 있다.

3) 기관별 봉사영역

앞서 살펴보았듯이 봉사영역은 활동거점과 분야별로 상당히 다양하다. 이에 따라 봉사자들이 활동을 해야 할 기관들도 천차만별이다. 봉사기관은 다양한 사회복지기관 및 시설, 단체에서부터 공공기관, 준공공기관, 교육기관, 시민단체, 문화예술기관 및 단체 등 헤아릴 수 없이 많으며 실제로 다양한 기관에서 봉사활동이 행해지고 있다. 상황이 이렇다 보니 봉사자들이 봉사를 직접 수행해야 할 기관에 대한 사전 지식이나 인식 없이 막연하게 봉사에 뛰어드는 경우가 다수 발견된다. 이를 반영하듯 종종 기관 담당자들은 봉사자들이 봉사기관에 대한 지식과 이해 없이 오는 경우가 많다고 하소연하며, 특히 대학생 봉사자의 경우 사회복지학이나 관련학과 전공이 아닌 경우 이러한 경향이 더욱 자주 나타난다고 전한다.

사회봉사자는 자신이 봉사하는 기관에 대해 기관의 목적, 활동분야, 재정상태, 서비스 대상자, 조직, 사업내용 등에 관한 기본 사항을 알고 있어야 한다. 그래야 자신의 봉사활동과 기관목적과의 연관성을 이해할 수 있고, 그 기관의 발전을 위해 어떤 봉사활동이 필요한지 판단할 수 있으며, 봉사활동도 수월하게 된다(강철희 외, 2000).

따라서 이 장에서는 사회봉사 교과목 운영과정에서 주요 비중을 차지하는 사회복지기관 및 시설을 중심으로 봉사기관의 특징을 간략히 소개한다.

(1) 사회복지관

사회복지관은 2013년 10월을 기준으로 전국 시・군・구에 438여 개 정도 설치되어 있는 대표적 사회봉사 수요기관이다(한국사회복지관협회, 2013). 지역사회를 기반으로 저소득층이나 사회적 취약계층의 자립능력을 키우고, 지방자치단체의 지원과 민간 및 지역사회 주민의 참여를 통해 지역사회의 복지문제를 해결하는 데 앞장서는 첨병역할을 하는 곳이다.

사회복지관은 산업화, 도시화에 따른 지역의 각종 복지문제를 해결하기 위해 빈민지역에 기반을 두고 빈민 실태조사와 직업훈련, 빈민구제활동, 다양한 환경개선운동을 실시했던 미국과 영국의 인보관에서 유래한다(양정하 외, 2008). 우리나라 복지관의 경우 주로 빈곤계층과 저소득 계층을 우선 대상으로 하여 가족상담이나 방과 후 아동보호, 공부방 및 도서관 운영 등 가족복지사업이나 식사배달, 간병 및 말벗 서비스, 생활용품 지원 등의 재가복지사업, 자원봉사자 양성 및 후원자 개발이나 지역문제 발굴 등의 지역사회조직사업을 하고 있다(김현호 외, 2011).

핵심어 찾기

memo

또한 다양한 교육 및 문화사업과 저소득층이 자활, 자립할 수 있도록 기능 훈련이나 창업 및 취업을 지원하는 자활사업 등을 함께하며 지역사회의 종합 복지를 담당하고 있다. 그 외에도 취약한 장애인이나 노인만을 대상으로 하는 장애인복지관이나 노인복지관들이 있으며 주요 대상만 다를 뿐 업무내용은 유사하다.

사회복지관은 봉사자의 수요가 상당히 많은 곳인데 지역사회의 다양한 주민문제를 해결하기 위한 다양한 복지서비스와 프로그램을 운영하나 재정을 주로 정부나 지방자치단체에 의존하고 있어 예산이 빠듯하다는 점에 그 원인이 있다. 따라서 전문가의 재능기부나 비전문가의 봉사활동을 적극 활용하고 있는 상황이다.

(2) 지역아동센터

지역아동센터는 1980년대 빈곤지역의 주민과 아동·청소년들에 대한 교육·문화 사업을 실시할 목적으로 만들어진 민간차원의 '공부방'에서 시작되었다(지은구·조성숙, 2010). 아동복지법에서는 지역아동센터를 '지역사회 아동의 보호 및 교육, 건전한 놀이와 오락 제공, 보호자와 지역사회 연계 등 아동의 건전한 성장과 발달을 위해 종합적인 아동복지서비스를 제공하는 시설'로 규정하고 있다.

만 18세 미만의 아동이 가정에서 부모의 보호와 양육을 적절히 받을 수 없을 때 이용하도록 하고 있으며, 주로 지역사회 저소득층 아동과 맞벌이부부 가정이나 한부모가정, 조손가정, 부모의 이혼 등으로 인한 해체가정 아동들이 주로 이용하는 시설이어서 이용료는 무료이다.

지역아동센터에서 수행하는 프로그램은 지역사회 내 방임아동을 보호하고, 일상생활을 지원하며, 건강생활을 지도하고, 위생지도, 안전지도, 급식제공 등을 하는 생활지원 프로그램에서부터 학습부진아 지도 및 학습지원, 숙제지도, 예체능교육 등의 학습지도 프로그램, 문화체험과 견학, 캠프, 공동체 활동, 놀이활동, 특기적성 활동 등 다양한 지원을 하고 있다. 또 놀이 및 특별활동 지원 프로그램이나 상담, 부모교육, 가족상담, 결연후원 등의 가족지원업무와 봉사자나 후원자를 개발하는 인적·물적 자원의 확보 및 관리까지 다양한 사업들을 수행하고 있다.

그러나 다수의 지역아동센터가 인적·물적으로 취약하여 아동·청소년뿐 아니라 가족 및 지역사회 연계의 전방위적 서비스가 부족하여 봉사자의 수요가 특히 많은 곳이다. 특히 세대차이가 적고, 교육적 역량이 뛰어난 대학생 봉사의 주요 영역이라고 할 만하다.

(3) 재가복지센터

재가복지는 가족의 힘만으로 노인이나 장애인, 기타 보호가 필요한 사람의 부양 및 보호에 어려움이 있을 때 가족 대신 사회적 원조에 의해 복지를 보완하는 것을 말하는 것으로 재가복지센터는 이처럼 도움이 필요한 대상자와 그 가족을 위해 가정으로 찾아가 다양한 사회적 서비스를 제공하는 전문기관이다. 과거에는 보호가 필요한 사람이나 취약계층을 주로 시설에 수용, 보호하면서 각종 서비스를 제공하였으나 보호시설의 열악함과 인간적·문화적 생활의 곤란으로 인한 각종 부작용이 발견되고 심지어 인간의 기본 권리인 자유와 인권, 프라이버시의 침해 가능성 문제가 커졌다. 따라서 90년대 이후 개인의 생활을 중시하고, 자립적이면서도 정서적 기반이 되는 지역사회 안에서 생활하도록 돕기 위한 재가복지센터들이 크게 늘기 시작했다(김범수·신원우, 2009).

재가복지센터는 종합사회복지관이나 노인요양시설, 노인보호시설, 장애인복지관, 장애인기관 및 단체에 부속기관으로 설치되거나 기관 내 팀 조직 형태로 구성되며 봉사자들은 이들 기관의 부속기관이나 팀 내에서 운영되는 재가복지사업들을 지원하게 된다. 재가복지센터나 관련조직에서 봉사를 할 경우 봉사자들은 가정을 직접 방문하여 자신의 가정 내에

핵심어 찾기

memo

머무는 아동 및 청소년이나 노인, 장애인, 사회적 취약계층들의 다양한 문제를 해결할 수 있도록 돕는데 의료나 간호, 재활, 상담 등 전문적 서비스를 보조하거나 식사나 반찬배달, 세탁 등의 가사원조와 목욕, 이동, 외출 등의 신변원조, 정서적 안정을 위한 말벗 등 기초적인 서비스를 제공한다.

(4) 자활센터

저소득계층이나 노인, 장애인 등의 사회적응과 경제적 안정을 위해 지방자치단체 산하기관이나 각종 복지관, 복지시설 등지에서 자활센터를 설치, 운영하고 있다. 복지시설이나 기관에서는 보호작업장이라는 이름으로 불리기도 하는데 자활센터는 과거 빈곤계층과 노인, 장애인에게 일방적으로 제공하던 급여방식을 탈피하여 자활의지와 자립능력을 높이도록 하기 위해 소득을 얻거나 창업을 할 수 있도록 종합적으로 지원하는 곳이다.

자활센터에서는 취업이나 창업 지원 및 알선을 제공하거나 직업적응을 위한 훈련을 지원하며, 노동강도가 낮은 소일거리나 용돈벌이 정도의 단순작업을 할 수 있도록 지원하는 자활근로사업들을 제공하고 있다. 기관에 따라서는 사회에 적응할 수 있는 프로그램을 함께 운영하거나 생업자금을 융자해 주기도 한다.

자활센터에서의 봉사는 주로 취업 및 창업지원과 관련된 각종 교육이나 행사를 지원할 수 있는 보조적 업무를 담당하게 되며 자활근로 사업에는 직접 투입되어 저소득층이나 장애인, 노인들과 어울려 서로 교류하거나 말벗이 되어주면서 기계부품 제작이나 생활용품 제작 등의 경제활동을 원활히 할 수 있도록 돕는 일을 하기도 한다.

(5) 노인요양시설

노인요양시설은 치매, 뇌졸중 등의 중증 노인성 질환 등으로 거동이 불편하거나 자식 등 부양의무자로부터 적절한 보호를 받을 수 없는 65세 이상 노인들을 주로 보호하고 치료하는 곳이다. 대상자들 대부분이 노인장기요양보험 수급권을 가지고 있어 국가의 지원을 받아 운영되고 있다. 노인병원 등 영리를 추구하는 개인 기관들과 달리 저소득계층들이 무료나 실비 정도로 이용하는 경우가 많아 공공복지의 성격이 강하다.

노인요양시설에서는 대상자들의 의식주 등 기본적인 가사 및 생활지원에서부터 간병, 치료를 주로 하고 있으며 상담과 재활치료, 여가활용 등의 서비스를 제공하고 있어 봉사자 역시 이러한 업무를 주로 보조하게 된다. 특히 자녀들과 떨어져 시설에 거주함으로써 나타나는 심리·정서적 문제를 해결하기 위해 말벗이나 야외활동을 지원하며 심리치료, 미술치료, 원예치료 등의 재활치료를 지원하거나 보조할 수 있다.

핵심어 찾기

(6) 장애인 기관 및 시설

memo

장애인을 대상으로 봉사를 할 수 있는 기관은 앞서 설명한 복지관 중 장애인복지관이 대표적이라고 할 수 있다. 그 외 다양한 장애인 보호시설과 정신장애인 사회복귀시설 등이 있다. 장애인 보호시설과 정신장애인 사회복귀시설은 대부분 정부 보조금에 의해 운영되고 있으며 가정에서 일상생활의 어려움이 있는 장애인들을 위하여 무료나 저렴한 비용을 지불하고 생활하도록 하고 있다. 의식주의 해결에서부터 다양한 치료 및 사회성 향상, 여가선용 등을 위한 프로그램을 운영하고 있으며 경제활동과 사회적응을 위한 직업훈련센터나 작업장 시설을 갖춰 장애인들을 지원하기도 한다.

이 밖에도 일반 지역주민이나 정신 장애인들의 정신건강관련 상담, 교육, 홍보를 통해 지역사회로부터 소외되거나 고립되지 않고, 사회에 통합될 수 있도록 지원해 주는 이용시설로 정신보건센터가 있어 봉사자의 손길을 필요로 하고 있다.

(7) 공공기관

공공기관은 주로 지역사회 내 소재한 구청이나 주민자치

센터 등의 관공서에서부터 학교, 병원, 도서관, 체육시설, 문화예술시설, 경찰서, 소방서, 우체국, 법원, 교정시설, 직업보도시설, 공항, 관광시설 등을 의미하며 다양한 형태의 봉사활동이 이루어지는 곳이다.

민원인 안내에서부터 전화응답, 접수 및 안내 등 대상자에 대한 직접서비스뿐 아니라 기관의 업무를 보조하거나 대기실 및 주변환경 정돈, 홍보물 제작, 각종 행사 및 캠페인 지원 등의 간접서비스 비중이 높다.

생각해 봅시다!!

1. 내가 주로 활동하고 있는 지역 주변에 봉사를 할 만한 주요 영역 혹은 기관들이 있는지 찾아보세요.

2. 사회복지기관이나 시설에서 특히 봉사자를 많이 활용하는 이유를 생각해 보세요.

3. 당신이 봉사를 해보고 싶은 기관을 한 곳 정하여, 그 특징을 기술해 보세요.

Chapter 04

봉사자의 자세와 역할

1. 봉사자의 윤리적 지침
2. 봉사자의 기본 자세
3. 봉사자의 권리
4. 봉사자의 의무
5. 봉사자의 역할

CHAPTER

04 봉사자의 자세와 역할

학습목표

1. 봉사자로서 갖춰야 할 기본 자세를 이해한다.
2. 봉사자의 권리와 의무를 이해한다.
3. 봉사자의 직접적 역할과 간접적 역할을 구분한다.

핵심어 찾기

memo

1. 봉사자의 윤리적 지침

대학생의 사회봉사가 학점취득과 취업 시 점수반영을 목적으로 하는 이기적 동기로 시작하더라도 봉사에 임할 때 봉사자로서 역할을 수행하기 위해서는 이에 대한 준비와 각오가 필요하다. 나의 욕구뿐 아니라 봉사대상자의 욕구를 충족시키는 데 최선을 다하겠다는 마음가짐 역시 필요하다. 이러한 준비와 자세, 마음가짐이 선행될 때 현장에서 봉사자로서의 역할을 제대로 수행할 수 있을 것이다.

봉사의 철학에 담긴 친절, 겸손, 존중, 이타주의, 정직, 헌신은 중요한 봉사자의 덕목이며 봉사는 인간(human)을 대상으로, 인간을 중심으로 한 활동이기 때문에 무엇보다도 인간에 대한 윤리적 행동기준과 원칙을 갖추는 것이 필요하다. 따라서 봉사에 앞서 봉사자들이 갖추어야 할 기본적인 윤리적 지침을 간략히 소개한다.

1) 봉사자에 대한 존중과 이해

인간에 대한 윤리의식 중 으뜸은 인간은 존엄하며, 관계를 맺음에 있어 존중이 바탕이 되어야 함을 명심하는 것이다. 봉사활동을 통해 만나는 대상들은 주로 우리 사회의 약자이거나 취약계층이 많은데 이들에 대한 존중이 기초가 되어야만 그들의 자아실현 능력과 자주성, 독립성을 인정할 수 있게 되고 성과 인종, 교육수준, 재산, 국적 등 그 어떤 조건에 대한 편견이나 차별 없이 동등하게 대할 수 있다. 대상자를 존중하고 욕구에 맞는 적절한 도움을 주기 위해서는 그들의 입장이 되어서 이해하고자 하는 노력이 필요하다.

2) 봉사자의 권리 및 의무를 인식

사회복지의 주된 공급자는 국가이지만 국가가 역할수행을 다할 수 없는 부분은 가정, 사회조직, 기업들이 담당하고 있으며 이들마저 해결할 수 없는 부분을 개인이나 집단을 중심으로 한 봉사자들이 수행할 수 있다. 봉사자들은 국가복지제도의 한 부분을 담당한다는 측면에서 책임성이 높고 역할도 크다. 따라서 봉사자들은 봉사활동을 실천함에 있어 봉사자로서 권리와 책임에 대한 이해가 선행되어야 하며 봉사자로서의 위치와 역할에 대한 인식을 올바로 해야 한다. 그래야 봉사활동의 결과가 효율적이고 좋은 성과도 기대할 수 있을 것이다.

2. 봉사자의 기본 자세

봉사자는 기본적으로 갖춰야 할 자세를 인지하여야 하며 봉사현장에서도 이를 잊지 않고 행동으로 실천하려는 노력이 필요하다. 봉사자로서 갖추어야 할 기본 자세는 다음과 같다.

1) 인간에 대한 애정과 관심

사회봉사는 인간 대 인간의 만남, 즉 '인간관계'를 맺는 활동이다. 좋은 봉사자가 되기 위해서는 인간에 대한 진정한 이해뿐 아니라 애정과 관심을 가지는 것이 기본이다. 사회봉사에서 가장 기본적인 요소는 인간이며 대상자와 관계를 맺을 때도 인간에 대한 이해, 즉 봉사대상자에 대한 이해가 전제되어야 한다. 이러한 인간 이해의 첫발은 인간에 대한 관심과 사랑, 가식 없는 진실한 마음가짐이다.

2) 자기인식

봉사자는 봉사대상자를 만나기에 앞서 자신이 어떤 사람인지를 되돌아 보는 자기인식(self-awareness)이 필요하다(김정진 외, 2005). 자신의 관심과 관점, 편견과 선입견 등이 무엇인지를 미리 점검해야 한다. 자신이 편견이 있음을 인정하고, 자신의 반응을 확실히 파악한 후 이 편견을 어떻게 극복할지에 대한 인식이 필요하며 남을 존중하는 태도를 갖추고 있는지에 대해서도 생각해 보아야 한다. 만나는 사람이 어떤 위치와 상황에 있든 구별 없이 존중하는 것은 쉽지 않으며 하물며 봉사자는 인간은 모두 같으며 동등한 인간이기 때문에 존중받아야 한다는 인식과 태도를 갖춰야 한다는 점에서 스스로 자기점검이 필요한 것이다.

핵심어 찾기

memo

3) 자신의 인간관계 점검

봉사자는 인간과의 관계맺음에 대한 자신의 태도를 점검해야 한다. 봉사자는 봉사활동을 준비하고 시작해서 끝낼 때까지 봉사대상자를 비롯하여 이들의 가족 등 주변사람들이나 봉사기관의 담당직원, 동료봉사자 등 여러 사람과 만나고 관계를 맺게 된다. 봉사활동에 대한 만족과 지속 여부를 결정짓는 가장 중요한 요소 중 하나가 인간관계이다. 따라서 타인에게 열린 마음, 즉 수용과 신뢰로 타인의 의견에 귀 기울이는 겸손한 자세와 온정, 친절한 마음이 필요하다.

4) 극복의 의지

봉사자는 힘든 일을 이겨내고 극복하려는 의지가 필요하다. 봉사현장은 열악하거나, 사회적으로 소외된 약자를 돌보는 일이 대다수여서 육체노동이나 허드렛일, 눈에 띄지 않는 잡무까지도 해야 할 경우가 많아 자칫하면 봉사에 흥미를 잃거나 봉사활동 자체에 대해 회의를 갖는 경우가 있다. 타인의 안녕과 편의를 위해 스스로를 낮춰야 하는 경우도 비일비재하며 장기적이고 지속적으로 봉사를 이어가기 위해서 많은 인내심도 필요하다. 따라서 이를 인정하고 이겨낼 수 있는 의지가 있어야 한다. 그렇지 않을 경우 쉽게 지치거나 봉사에 대한 어려움을 이유로 중단하는 일이 발생되어 봉사자 본인뿐 아니라 대상자들에게도 상처를 주게 된다.

5) 나눔의 정신

봉사자는 나눔의 정신을 가져야 한다. 내가 가지고 있는 것, 나에게 주어진 것에 대해 감사하고 이를 나눌 수 있는 마음이 필요하다. 봉사는 시간이나 경제적 여유가 많은 사람들이 하는 거창한 일이 아니라 나의 지식과 기술, 능력과 정신, 마음 등 자신이 가진 것을 다른 사람과 진심으로 나누는 것이다. 봉사자는 자신이 가지고 있는 유·무형의 자산을 나누려는 자세를 갖출 때 봉사의 진정한 보람과 의미를 경험할 수 있게 된다.

6) 배우려는 자세

봉사자는 봉사활동을 통해 배우고 성장하려는 자세를 가져야 한다. 봉사는 사회구성원으로서 타인에 대한 헌신과 희생을 요구하기도 하지만 봉사자 개개인의 자기개발과 자아실현, 만족감 등을 기대할 수도 있다. 특히 대가를 바라지 않는 순수한 목적뿐 아니라 대학생 봉사자는 사회와 인간에 대한 이해와 함께 향후 자신의 전공을 살려 전문분야와 사회에 기여하기 위한 준비로 봉사현장에서 사회를 미리 배우고, 익히며 전공을 연계한 실무능력을 개발하는 것도 중요하다. 따라서 봉사현장에서의 경험을 통해 다양한 배움을 성취하여야 한다.

3. 봉사자의 권리

봉사자는 무조건 희생하고 인내하고 봉사해야 하는 존재가 아니다. 봉사자 역시 한 사람의 인간으로서 존중받고, 지지받으며, 도움을 받을 수 있어야 한다. 따라서 봉사대상자를 대할 때 필요한 자세와 마음가짐이 중요하듯, 봉사자에게도 이에 맞먹는 권리가 있음을 인식해야 한다.

먼저 봉사자의 핵심권리를 간략하게 정리하면 다음과 같다(McGregor et al., 1982).

핵심어 찾기

memo

1) 능력을 인정받을 권리

봉사자는 가능성과 잠재력을 가진 인간으로서 잠재된 가능성을 발휘할 수 있도록 능력을 최대한 인정받아야 한다. 따라서 봉사수혜기관은 되도록 봉사자의 능력에 맞는 봉사업무를 제시할 수 있어야 하며 봉사자를 단순히 잠깐 와서 도와주는 사람이 아닌 기관의 봉사자이자 팀의 일원으로 인정하여야 한다. 봉사자는 자신의 활동이 어떤 점에서 기관이나 대상자에게 도움이 되었는지를 구체적으로 알도록 기회를 보장받아야 하며, 이를 알 권리가 있다. 봉사자가 행할 업무나 활동에 대한 올바른 평가와 이에 대한 적절한 지지 및 격려 등의 보상 역시 필요하다.

2) 비밀보장의 권리

봉사자는 봉사활동을 통해 알게 된 타인의 비밀을 보장해야 하는 의무와 함께 자신과 관련된 부분에 대해 비밀을 보장받을 권리를 가진다. 따라서 봉사자는 활동에 앞서 보호받기 원하는 개인적 사항에 대해 기관직원과 미리 얘기를 나눌 필요가 있으며 합의된 내용에 대해서는 신의를 보장받아야 한다.

3) 지지받을 권리

봉사자는 지지받을 욕구가 있어 이를 보장받을 수 있어야 한다. 봉사자는 봉사활동을 통해 대상자와 사회복지사, 기관직원, 동료봉사자 등 많은 사람들과 상호작용할 기회를 갖게 되는데 이러한 과정에서 보람과 기쁨을 경험하기도 하지만 인간관계에서 오는 갈등이나 고충 등의 다양한 어려움이나 곤란을 겪을 수도 있다. 이때 다른 사람으로부터의 적절한 지지와 격려는 봉사활동에서 오는 부담과 스트레스를 줄일 수 있으며 문제해결능력을 높이는 데 중요하다. 따라서 봉사자는 동료나 기관직원 등 다른 사람과 어려움을 나누어 지지받고 이해받을 수 있어야 한다.

4) 훈련받을 권리

봉사자는 훈련받을 권리를 가진다. 누구나 봉사자가 될 수 있지만 그렇다고 아무나 활동에 배치되어서는 안 된다. 경험 많은 봉사자라도 봉사현장에 배치되기 전 필요한 교육과 훈련을 받아야 하며 봉사에 필요한 정보와 지식, 기술, 자세 등에 대한 안내와 훈련을 받아 보다 효과적으로 봉사를 수행할 수 있도록 지원받아야 한다. 봉사자는 이러한 훈련을 받을 권리를 가진다. 훈련 및 교육은 자원봉사활동에 대한 바른 이해와 성실한 태도를 갖게 하고 나아가 자신의 활동에 만족감과 성취감을 갖게 한다는 점에서도 필요하다.

핵심어 찾기

memo

4. 봉사자의 의무

봉사자는 권리도 있지만 봉사활동과정에서 반드시 지켜야 할 의무도 존재한다. 봉사자로서의 의무를 다하고자 노력하며, 그 의무를 실제로 다할 때 대상자 및 기관 관계자, 봉사자 동료로부터 신뢰를 얻고 지속적으로 봉사활동에 임하게 된다. 또 이를 통한 만족과 보람을 얻어 자기성장의 기회로 활용할 수 있게 된다. 다음은 봉사자로서 기본적으로 지켜야 할 의무를 간략히 소개한다(현외성, 2010 : 87 재인용).

1) 공감의 의무

공감은 타인의 기쁨, 질투, 흥분, 두려움, 슬픔 등의 감정을 마치 내 일인 것처럼 느끼고 타인과 함께 공유하는 것이다. 공감이 이루어질 때 상호 간의 이해가 커지고 관심과 애정도 높아질 수 있다. 그러나 공감은 다양한 감정이나 태도를 수

반하기 때문에 내가 남이 아닌 이상 타인의 경험과 그로 인한 감정이나 태도를 완전하게 이해하기란 어렵고 또 타인과 완전히 동일한 기분이 될 수 없다는 점 때문에 한계를 느끼기도 한다. 따라서 봉사자에게는 무엇보다 타인의 말을 듣고 마음을 열고, 관심을 가지려고 하는 노력이 필요하다.

2) 비밀을 지킬 의무

봉사활동을 하면서 대상자나 관련기관, 담당자 등 다양한 관계를 통해 지극히 사적이거나 내부의 민감한 정보를 접하게 되는 경우가 종종 있다. 봉사활동을 통해 알게 된 정보는 외부나 다른 사람들에게 전해서는 곤란하다. 비밀보장은 봉사활동에서의 기본적 준수사항이지만 간혹 아무 생각 없이 타인에 대한 개인적 정보를 재미삼아, 혹은 흥밋거리로 발설해 곤란을 겪는 경우가 종종 있다. 봉사자는 다른 사람의 질문에 대해 비밀을 지켜야 할 책무가 있음을 분명히 전하고 타인의 비밀을 지키고자 노력해야 한다. 혼자서 비밀을 지키기 어려운 문제라면 자원봉사 관리자나 담당자와 상의하는 노력이 필요하다.

3) 수용적이고 비심판적이어야 할 의무

봉사자의 기본적 의무는 대상자를 존중하고 독립된 개인으로서 인정하는 것이다. 남녀노소 혹은 교육 정도, 경제적 상황, 삶의 배경과 처한 상황이 각각 다르기 때문에 그들이 갖는 경험과 삶의 가치도 각자 다르고, 다양하다. 따라서 획일적인 기준에 의해 혹은 봉사자 자신의 편협한 기준과 관점에 의해 대상자의 상황과 행동, 문제를 함부로 판단하고 비난해서는 안 된다. 대상자와의 친밀한 관계형성뿐 아니라 기존의 관계를 유지하는데도 곤란을 겪게 된다.

4) 신뢰를 지켜야 할 의무

약속을 지키는 것은 상호 신뢰감을 구축하는 데 기본이다. 봉사자와 봉사기관 혹은 대상자는 상호 신뢰감이 있어야 서로 도움을 주고받을 수 있으며 마음을 열 수 있다. 그러나 봉사자들은 때때로 개인적 생활과 사적 약속을 더 중요하게 여겨 봉사기관이나 봉사대상자와의 약속을 가볍게 생각하기도 한다. 특히 대학생 봉사자의 경우 학업이나 학교 및 학과활동, 동아리 활동, 아르바이트, 취업준비, 그 외 개인적 활동 등으로 관심이 분산되고 시간부족을 겪는 경우도 많아 자칫 봉사현장에서의 약속을 어기기도 한다. 그러나 이는 봉사자와 봉사수요기관 혹은 봉사자와 봉사대상자 간의 신의를 저버리는 행동으로 봉사의 지속성뿐 아니라 관계 자체에 해가 되기도 한다.

봉사자는 자신과 가족, 친구, 개인생활의 가치와 욕구도 중요하지만 봉사활동에서 일어나는 약속을 최대한 지키려는 노력이 중요함을 인식해야 한다. 만약 약속을 지킬 수 없을 때에는 미리 기관이나 봉사대상자에게 이를 알리고 양해를 구하는 것이 기본적인 상호 간의 예의라고 할 수 있다.

5) 동등한 존재로서 인식할 의무

봉사자는 간혹 자신이 좀 더 우월하거나, 마치 대단한 사람이라도 된 듯 상대를 낮춰보는 경우가 있다. 이는 봉사를 받는 대상자 입장에서 무시당한다는 느낌이나 모욕감을 느끼게 할 수 있다. 나와 똑같은 인간으로서 대등하게 대상자를 대하고 과시하거나 가르치는 존재가 아니라 그들을 '돕고 함께 하는' 사람임을 명심하고 대상자가 필요로 하는 정보와

핵심어 찾기

memo

도움을 제공한다는 입장을 지켜야 할 것이다. 봉사자 자신의 개인적 관점을 기준으로 대상자를 가르치고 교정시키는 것이 아니라 대상자의 감정과 기쁨, 슬픔, 한탄, 실망, 욕구를 함께 느끼고 이해하는 자세가 필요하며, 말로 표현되는 것뿐 아니라 표정이나 신체 등 비언어적 부분까지도 존중하여야 한다.

5. 봉사자의 역할

봉사자는 자신의 직업이나 일을 가지고 각자의 고유한 사회적 역할을 수행하면서, 지역사회와 사회구성원의 복지를 증진하기 위해 자신의 기능과 시간을 대가없이 자발적으로 제공하려는 사람들이다. 또 봉사자는 기관이나 지역사회의 특별한 욕구 및 문제의 특성에 따라 다양한 역할을 수행하는 사람이기도 하다. 사회의 변화와 복잡성에 따라 봉사자의 역할 역시 복잡화, 다양화되고 있어 간단하게 규정하기는 쉽지 않지만 자원봉사자의 활동내용을 중심으로 봉사자들의 역할을 정리하면 대략 다음과 같다.

1) 직접적 봉사

봉사자는 주로 도움이 필요한 사람이나 집단과 직접 대면해서 관계를 맺고 서비스를 제공하는 직접봉사자의 역할을 한다(Lauffer, 1977, 권중돈 · 조학래 · 김기수, 2008 : 74 재인용). 문제를 가진 사람에 대한 상담, 집단상담, 교육, 그리고 일상생활의 잡다한 문제를 해결해 주거나 편리를 제공하는 것이 그 예이다. 아동 · 청소년의 경우 말벗 · 상담이나 보호관찰활동, 생활 · 학습 · 특별활동지도, 가정초대, 동반외출, 여행, 놀이 · 취미활동 지도, 생일축하 등을 지원할 수도 있다. 노인의 경우 봉사자로부터 말벗 · 상담, 가족기능, 취미활동지도, 신변보조, 독서보조, 외출보조, 가정초대, 행사 · 모임초대, 간병 등으로 직접적 도움을 받을 수 있고, 장애인은 각종 훈련과 신변 · 외출보조, 재활서비스 보조, 말벗 · 상담, 가정 · 행사 · 모임 초대, 동반외출 · 여행 등을 봉사자로부터 직접 지원받을 수 있다.

2) 간접적 봉사

봉사자는 도움이 필요한 봉사대상자를 직접 만나서 이들의 욕구에 맞는 도움을 주는 직접적 봉사뿐 아니라 간접적 봉사를 제공하는 역할을 하기도 한다. 봉사대상자를 만나서 직접 도움을 주는 것이 아니라 우회적으로 서비스를 제공함으로써 그 수혜가 대상자에게 돌아가도록 하는 것이 간접적 봉사이다. 가령 기관의 행정적 사무를 돕는 것을 들 수 있다. 봉사기관에서 서류작성 및 분류, 정리, 접수, 전화응답, 우편업무 처리나 전문가 보조, 환경미화, 청소・세탁, 시설보수, 조리・식사배달, 행사지원 등 간단하지만 필요한 업무를 처리하거나 나아가서 중요한 행정적 업무를 처리하도록 지원함으로써 관련 대상자나 민원인의 편의를 간접적으로 향상시킬 수 있게 하는 것이다.

그러나 간접적 봉사는 도움을 받는 대상자를 직접 대면하는 것이 아니고 업무에 초점을 두고 있기 때문에 봉사대상자의 반응을 바로 확인하기 어렵고 하는 일도 큰 변화 없이 구조화되어 있어 자칫 지루하거나 봉사의 의미를 실제로 체감하기 어렵다는 한계를 갖고 있어 간혹 노동과 봉사를 혼동하는 경우가 있다. 따라서 간접적 봉사에 참여하는 봉사자는 봉사의 가치와 의미를 되새기는 노력과 스스로의 마음관리가 필요하다.

3) 섭외, 홍보, 모금 활동

봉사자의 역할 중에는 간접 봉사활동의 또 다른 형태로서 섭외, 홍보활동 또는 모금활동이 있다. 기관의 생존과 발전을 위한 다양한 홍보활동이나 모금활동에 기여하여 간접적으로 대상자들을 지원하는 것이다. 후원이나 결연금을 기부하거나

핵심어 찾기

memo

학습자료 기증, 김장·밑반찬 제공, 도서·기자재 지원, 의류·생활용품 기증 등이 대표적이다.

4) 정책형성 및 자문

정책형성 및 자문제공의 역할을 한다. 경영이나 행정에 경험이 많은 사람으로서 정책결정을 위한 위원회 또는 자문위원회의 성원으로서 기관의 존속과 발전에 이바지하는 일이다. 이는 주로 성인, 전문가 집단을 중심으로 이뤄질 수 있으며 최근 재능기부형태로 많이 이뤄지고 있기도 하다. 대학생 봉사자의 경우는 전공지식이나 기술과 관련된 준전문적 정보제공 및 안내를 통해 미약하게마나 이를 수행할 수 있으며 정책형성을 위한 압력세력으로서 활동할 수 있다.

5) 옹 호

봉사자는 지역사회를 기반으로 한 변호 또는 옹호(advocacy) 활동을 할 수 있다. 옹호자로서 정책형성에 영향을 줄 뿐 아니라 정책에 대한 일반대중의 태도에 영향을 주고, 사회변화를 자극하며 주민에게 영향을 주는 서비스 혹은 서비스 체계에 변화를 주기 위한 일을 한다. 정부나 지방자치단체에 사회적 약자를 위한 정책형성에 대한 압력과 제안을 위한 다양한 활동 등이 포함되며 간혹 '시위' 등의 형태로도 표출된다.

이상과 같이 봉사자의 역할은 다양하며 이러한 역할을 단순하게 규정하기보다 봉사자의 특성과 기관 또는 수요자의 특성에 맞게 역할을 부여하는 것이 바람직하다. 현재 봉사자의 역할은 지속적으로 변화되고 있으며 단순한 행정업무 지원에서 벗어나 좀 더 전문적이고, 서비스 수요자와의 직접적인 관계를 통한 자원봉사활동을 요구받고 있다. 단순히 전문가의 보조자가 아니라 전문가와 역할을 분담하는 동업자로서의 역할이 요구되고 있는 추세이기 때문이다. 대학생 봉사 역시 이러한 추세에 맞춰 자신의 전공이나 특기, 적성을 반영한 봉사자로서의 역할을 모색할 필요가 있으며 이는 결과적으로 봉사자의 역할의 중요성과 의미를 재인식하게 되는 계기가 될 것이다.

생각해 봅시다!!

1. 봉사자로서 최우선적으로 고려되어야 할 마음가짐이나 자세는 무엇인지 써보세요.

2. 봉사자의 권리에는 어떤 것이 있으며 각 권리의 의미는 무엇인지 생각해 보세요.

3. 봉사자가 봉사수혜기관이나 봉사대상자들과의 신뢰를 지켜야 하는 이유를 설명해 보세요.

4. 간접적 봉사의 특징은 무엇이며 주요 업무에는 어떤 것이 있는지 적어보세요.

Chapter 05

사회봉사의 지식과 기술

1. 사회봉사에 필요한 기초 지식
2. 사회봉사에 필요한 기술

CHAPTER

05 사회봉사의 지식과 기술

학습목표

1. 사회봉사에 필요한 기초 지식을 이해한다.
2. 봉사자로서 갖추어야 할 기본적인 기술을 익힌다.

핵심어 찾기

memo

1. 사회봉사에 필요한 기초 지식

봉사자가 자신이 봉사를 하게 될 대상에 대한 이해를 갖추지 못한다면 봉사를 원활하게 수행하기도 힘들고 봉사의 진정한 의미와 가치를 되새기며 보람을 느끼기도 어렵다. 이는 인간 간의 만남과 관계 측면에서도 올바른 자세가 아니다. 따라서 봉사에 앞서 봉사자는 도움을 줄 대상자를 이해하고 돕는 데 필요한 기초 지식을 갖추는 것이 필요하다. 봉사자에게 요구되는 기초 지식은 봉사의 대상이 되는 인간과 환경을 이해하는 데 필요한 지식이다. 대상자 자체에 대한 이해가 기본적으로 필요하고 인간과 환경은 분리할 수 없기 때문에 바로 '환경 속의 인간(person in environment)' 즉, 대상자가 처해있는 상황과 여건 등에 대한 지식도 봉사자가 갖추어야 할 기초 지식이라고 할 수 있는 것이다.

1) 봉사대상자에 대한 지식

인간, 즉 봉사대상자를 이해하기 위해서는 우선 그들이 일반적으로 갖고 있는 특징을 이해하는 것이 필요하다. 가령 아동, 청소년, 노인, 장애인, 저소득 취약계층 등의 기준에 따라 내가 만나는 대상자들이 주로 어떤 발달주기상의 특징을 가지며 그들이 주로 갖고 있는 욕구들이 무엇인지를 미리 확인하는 것이 필요하다. 또 대상자가 가진 가치관, 신념, 문화, 태도를 인식할 수 있어야 한다(조휘일, 1998). 이를 위해 인간 발달과 행동에 대한 기초 지식들을 관련 자료와 책자, 전문서적 등에서 확인해 보는 것도 좋다.

2) 인간관계에 대한 지식

봉사는 인간 대 인간의 만남이 주가 되는 인간관계활동이라고 할 수 있다. 따라서 봉사자는 인간관계에 대한 기초 지식이 필요하며 관계형성의 필요성과 관계를 원만하게 하는 방법에 대한 이해가 필요하다. 대상자를 동정이나 시혜의 대상으로서가 아니라 동등한 입장에서 진심으로 대하고 그들의 언어적 · 비언어적 표현을 세심하게 잘 듣고 이해하며 심판하지 않고 있는 그대로 그들의 삶을 이해해 줄 때 좋은 관계를 형성할 수 있다. 대상자와의 언어적 · 비언어적 의사소통을 이해하고, 적극적으로 반응하는 등의 대처를 할 때 좋은 관계와 원활한 의사소통이 가능해질 것이다.

3) 대상자의 환경에 대한 지식

대상자를 이해하고 좋은 관계를 유지하는 것 외에 봉사자는 대상자가 처한 현실과 상황, 즉 환경을 이해하는 것이 필요하다. 그래야 대상자에 대한 이해의 폭을 넓힐 수 있기 때문이다. 이를 위해 대상자의 가족, 친구, 동료, 기관직원과의 관계 및 상호작용과 의사소통을 이해하며 그들이 속해있는 지역사회를 이해하는 것 역시 대상자를 보다 효과적으로 도울 수 있는 자원을 파악하고, 동원하며, 문제를 경감시킬 수 있는 기반이 될 수 있다.

4) 봉사자 자신에 대한 이해

봉사자는 자신에 대한 이해 역시 필요하다. 봉사는 자신을 통해 남을 돕는 활동이기 때문에 자신의 신념과 가치관을 인식하고 스스로의 장점과 단점을 이해할 필요가 있다. 특히 단점의 경우 이를 개선하기 위한 노력을 꾸준히 해야 하며 봉사과정에서 부정적으로 작용하지 않도록 조심하고, 자제하는 노력을 하여야 할 것이다.

핵심어 찾기

2. 사회봉사에 필요한 기술

memo

봉사는 인간을 대상으로 하는 활동인 만큼 돕는 과정에서 필요한 기초적인 도움기술이 요구된다. 사회봉사 활동분야와 활동내용에 공통적으로 적용될 수 있는 일반적 도움의 기술은 다음과 같다.

1) 관계형성 기술

봉사의 실천에서 1차적 관계는 봉사자와 대상자의 관계를 의미한다. 봉사자와 대상자 간의 관계를 발전시키는 것은 봉사활동의 기초이자 필수라고 할 수 있다(오세영, 2011).

관계를 제대로 형성하기 위해서는 봉사자는 조금 더 적극적일 필요가 있다. 먼저 인사하고, 관심사나 의견을 묻고, 대상자의 반응에 적극 대응해야 한다. 또 대상자를 있는 그대로 이해하여 비난하거나 비판하지 않고, 그들의 감정과 사고를 수용하려 노력해야 한다. 대상자가 아무리 부족하고 취약해 보이더라도 그들의 의사를 존중하고 스스로 결정하도록 도와주어야지, 모든 것을 직접 해결해 주려고 해서는 곤란하다. 대상자에 대한 진실한 마음가짐과 관심 역시 필수요소이다.

2) 관찰기술

봉사대상자와의 관계가 형성된 이후 그들이 처한 상황, 문제, 욕구, 주요 관심사, 심리상태 등에 대한 자세한 정보수집이 요구되는데 이때 필요한 것이 관찰기술이다. 관찰은 단순히 보이고 들리는 것만이 아니라, 상대방이 말하지 않거나 표현하지 않는 것도 동시에 파악하는 것이다(최덕경 외, 2012). 봉사자는 단순히 보는 것 이상으로 대상자에게 관심을 가지고 그가 얘기하는 이면에 담긴 내적 의미와 행동 특성을 놓치지 않고 관찰할 수 있어야 한다. 이야기를 할 때 신체적 표현, 긴장상태, 어조의 떨림 등을 주의 깊게 봐야 한다.

사람들은 일반적으로 의식 혹은 무의식 중 자신의 편견이나 기호, 사회적 규범에 근거하여 현상을 보려는 경향이 있는데(권중돈 · 조학래 · 김기수, 2008), 이는 사실 자체를 왜곡시킬 수 있다. 이에 근거해 도움을 제공할 경우 도움을 받는 사람이 원치 않는 것을 제공할 수 있다. 따라서 봉사자가 주려는 도움이 봉사자 자신의 기호나 욕구, 기준에 의한 것인지 대상자의 것인지를 잘 고려하고 관찰하여 도움을 주어야 한다.

3) 의사소통 기술

의사소통은 인간 사이의 사고와 감정, 정보를 전달하고 인간관계를 형성할 수 있게 해주는 기본 기술로 인간을 원조하는 상황에서 가장 중요한 도구로 활용될 수 있다(최덕경 외, 2012). 봉사자와 대상자 간 의미있는 의사소통을 위해서는 대상자의 성격이나 관심사에 대한 이해를 갖추어야 하며, 대상자의 말을 귀 기울여 들은 후 자신이 전하고자 하는 메시지를 적절한 방식으로 적극적인 형태로 전달할 수 있어야 한다. 이를 위해 얼굴을 마주보고 눈을 맞추고, 알아듣기 쉬운 말과 존중하는 용어를 사용하며, 천천히 대화하고, 기다려 주며, 의도적으로 공감해 주고, 칭찬을 자주 하고, 밝은 표정과 유머감각을 갖추고, 진실한 자세와 적극적인 태도를 보이는 게 필요하다.

4) 참여촉진 기술

사회봉사 수혜기관 및 수요처에는 다양한 봉사활동 업무가 배치되어 있으며, 봉사대상자의 건강과 복지를 위해 다양한 프로그램을 운영하고 있다. 이때 봉사대상자는 수동적인 존재가 아니라 함께 참여하는 존재 혹은 주도하는 존재로서 기관 및 시설 내의 다양한 활동이나 프로그램에 참여할 수 있어야 한다. 따라서 봉사자는 대상자들이 각종 활동에 적극적이고 주도적으로 참여할 수 있도록 격려하고, 원조하며, 보조하는 역할을 해야 한다. 이를 위해서는 봉사자가 자신의 경험을 얘기하거나 직접 참여 혹은 시연하면서 참여를 독려할 수 있다. 또한 대상자들이 활동에 적극 참여하도록 하기 위해서 활동 목적과 내용을 명확하게 설명하고, 그들의 의사를 물어 격려해야 한다.

5) 기록 및 평가

봉사활동의 책임성을 높이고, 봉사자의 역량을 강화하기 위해서는 자신의 활동 상황과 태도, 대상자의 특성과 변화를 기록하는 노력이 필요하다(권중돈 · 조학래 · 김기수, 2008). 사례기록지나 일지를 통해 대상자의 상태나 현장에서 경험한 전반적 내용을 기록하고 봉사자로서의 자신의 활동이나 태도, 기술을 되돌아 보아야 한다. 또 봉사자로서의 활동에 대해 기관의 봉사 관리자나 슈퍼바이저(지도교수, 교과목 담당교수 등) 등에게 지도, 평가를 받고 부족한 기술과 지식을 보완하는 것이 보다 유능한 봉사자이자 돕는 사람으로서의 역량을 키울 수 있는 방법이 된다.

이상에서 간략하게 소개한 사회봉사 기술은 단독으로 활용하기보다 서로 통합적, 보완적으로 사용되어야 하며, 봉사

핵심어 찾기

memo

대상자의 상황과 현장의 특성에 따라 융통성 있게 활용되어야 효과를 발휘할 수 있을 것이다.

생각해 봅시다!!

1. 사회봉사에 앞서 봉사자는 어떤 기본 지식을 갖추어야 할지 기술해 보세요.

2. 봉사현장에서 대상자와 친밀한 관계를 형성할 수 있는 나만의 방법을 생각해 보세요.

3. 아동이나 청소년, 노인, 장애인들이 프로그램 참여에 소극적인 모습을 보일 때 어떻게 참여를 촉진할 수 있는지 방법을 구상해 보세요.

Chapter 06

봉사대상자 이해와 관련 봉사활동

1. 아 동
2. 청소년
3. 노 인
4. 장애인

CHAPTER

06 봉사대상자 이해와 관련 봉사활동

학습목표

1. 아동 및 청소년의 주요 특징과 관련 봉사활동을 이해한다.
2. 노인의 주요 특징과 관련 봉사활동을 이해한다.
3. 장애인의 주요 특징과 관련 봉사활동을 이해한다.

핵심어 찾기

memo

봉사자는 봉사활동을 통해 다양한 대상자에게 서비스를 제공하게 된다. 봉사활동을 필요로 하는 대상은 복합적인 욕구와 문제를 가지고 있으며 발달주기상의 특성과 그들이 처한 환경도 매우 다양하다. 따라서 봉사자는 봉사에 앞서 대상자의 욕구와 특성, 그들의 환경에 대한 이해가 필요하며 이를 바탕으로 대상자들을 대하는 마음가짐과 태도를 갖추고 그들이 필요로 하는 도움을 주려는 노력과 계획이 필요하다.

1. 아 동

1) 아동의 특징

발달적 관점에서 아동기를 포괄적으로 정의하면 갓 태어난 신생아에서부터 초등학교에 다니는 연령층까지로 볼 수 있으나 우리나라에서는 일반적으로 초등학생을 일컫는다. 아동기의 특징은 누군가의 돌봄이 절실하며 이러한 보호나 돌봄이 없다면 생존 자체가 불가능하다는 것이다. 또한 아동은 무한한 가능성을 가진 존재로서 주변에서 얼마나 타고난 능력을 개발해 주느냐에 따라, 어떤 보호를 받았느냐에 따라 성장과 발달이 다르게 전개된다. 아동의 특징을 간략하게 정리하면 다음과 같다.

(1) 의존적 존재

아동의 기본 특징은 의존적이라는 것이다(김정진 외, 2005). 성인과 달리 신체, 심리, 사회적으로 미숙한 존재이므로 다른 어떤 존재보다 장기적인 차원에서의 보호가 필요하다. 만일 아동기에 적절한 보호가 이루어지지 않으면 건강한 신체적 발달이 어려워질 뿐 아니라 심각한 정서불안과 이에 따른 사회부적응 등의 심리・사회적 문제행동을 유발할 수 있다. 따라서 봉사자는 보호자의 보호기능이 미약하거나 보호를 받지 못하는 아동을 위해 봉사를 하는 동안만이라도 아동의 보호자로서 힘이 되어주고, 그의 '편'이 되어줄 수 있어야 한다.

(2) 미성숙한 존재

아동은 미성숙하다. 아동기는 성인으로 성장・발달해가는 과정에 있는 존재이기 때문에 신체적으로도 완성되지 않았으며 인지(사고)능력도 발달의 과정에 있다. 따라서 아동에게서 성숙한 태도와 사고, 행동을 기대하는 것은 적절하지 않다. 아동의 발달수준, 능력, 관심에 봉사자가 눈높이를 맞추는 것이 필요하다. 아동들은 미성숙하여 사고와 행동, 태도를 배워나가는 시기이므로 봉사자는 좋은 안내자로서 어떻게 행동하고 사람과의 관계를 어떻게 하며, 옳고 그른 것은 무엇인지 안내하고 가르쳐 주어야 하며, 또 몸소 실천하여 보여주는 롤모델(role model)의 역할을 해야 한다.

(3) 민감한 존재

아동기는 민감한 시기다. 인생주기에서 청소년기 못지않게 아동기도 예민한 시기이다. 타인의 인정과 거부에 민감하며, 성인에 비해 욕구를 통제하는 것이 어렵고, 욕구를 충족시키지 못했을 때 남는 실망감과 좌절감, 상처는 크다. 따라서 아동을 대상으로 봉사를 할 때 아동과 그의 환경에 대한 이해를 바탕으로 존중하고, 이해하고, 배려해야 한다. 또 많이 칭찬하고 격려하며 관심을 주는 노력이 필요하다.

(4) 다양성을 지닌 존재

아동기에는 생리적 욕구는 물론 안전, 사랑, 인정, 소속감, 성취감, 자아존중감 등 다양한 심리·사회적 욕구를 가진다. 따라서 먹고 싶은 것, 하고 싶은 것, 알고 싶은 것 등이 많아 한 곳에 집중하지 못하고 산만하거나 지나치게 많이 움직이거나 무리한 요구나 관심을 받으려고 애쓰기도 한다. 따라서 아동의 이러한 다양하고 복합적인 욕구를 잘 이해하고 적절하게 충족시켜 주거나 충족이 어려울 때는 이를 이해시키는 노력이 이루어져야 건전한 성장과 발달이 가능해진다.

(5) 적응이 필요한 시기

아동기는 가족뿐 아니라 학교 등을 통해 친구, 사회 등에 처음 적응을 해야 하는 시기이다. 기존의 가족관계나 친밀한 타인과의 관계에서 영역을 확장하여 가정, 학교, 사회 등에서 사회성을 키우기 시작한다. 만약 아동기에 적응성을 상실하면 훗날 성인이 되어서 심각한 사회적 문제를 유발하거나 장애를 갖게 될 수 있다. 따라서 아동을 위한 봉사에서는 보호와 기본적인 욕구충족에서부터 가정, 학교, 이웃을 통해 다양한 사람을 만날 수 있도록 하여 관계를 형성할 수 있도록 돕고, 올바른 대인관계를 형성할 수 있는 기회와 기술을 가르쳐 주어야 한다. 봉사자는 아동에게 일종의 타인으로서 역할 모델이 되기 때문에 신뢰를 주는 행동을 해야 한다. 시간을 엄수하여 대상자에게 신뢰감을 주고 봉사에 임할 때 아동의 욕구와 수준을 세심히 살피는 관심과 애정이 필요하다.

핵심어 찾기

memo

2) 아동기의 주요 문제

아동이 경험하는 문제는 다양하다. 그중 인간의 건전한 성장과 발달을 막고 생존을 위협하여 우선적인 해결이 필요한 주요 문제를 소개하면 다음과 같다.

(1) 빈곤문제

생존과 관련된 가장 기본적 욕구를 위협하는 것이 바로 빈곤문제이다. 우리나라의 경우 국민기초생활보장법에 의해 국가로부터 보호를 받는 가정에서 생활하는 아동을 빈곤가정 아동으로 보는데 전체 아동의 9%인 약 100만 명 정도로 추정되고 있다(보건복지부, 2007). 빈곤으로 인해 아동이 겪을 수 있는 문제는 신체적 건강과 심리・사회적 안정, 학업성취 등과 관련된 제반문제들로 다양하다. 질병에 걸릴 가능성과 사망률이 높고, 인지능력의 발달이 지체되거나 유급, 정학, 퇴학 등 학교 징계율이 높고 학업성적도 낮을 뿐 아니라 우울이나 불안, 비행, 공격적 행동에 빈번하게 노출되고 있다(권중돈・조학래・김기수, 2008). 따라서 봉사현장에서 만나게 되는 빈곤계층 아동의 문제와 환경을 잘 이해하여 도움을 줄 수 있어야 한다.

(2) 해체가정 문제

산업화와 함께 기족의 기능이 축소되고 가정의 정서, 사회, 경제적 유대가 약화되면서 아동의 부양과 사회화교육, 정서적 보호 등의 가족기능이 약해지고 있다. 이로 인한 가족해체가 일어나면서 편부, 편모, 소년소녀가장 가구 등 다양한 가족이 등장하고 있으며, 특히 이혼으로 인한 가족해체는 자녀인 아동들에게 큰 상처를 준다(원석조, 2008). 해체가정의 경우 대다수가 생계부담을 한쪽 부모가 책임지거나 이마저의 부모도 없어 빈곤상태에 있는 경우가 많고, 생계나 가사부담으로 부모들이 자녀에게 관심이나 애정을 제대로 쏟을 수 없어 행동상의 문제나 학업성적 부진, 기타 부적응을 드러내기도 한다. 부모의 이혼으로 시설 등지에 보호, 양육되는 경우는 상황이 더욱 나빠 시설보호라는 특수성 때문에 좌절과 사회부적응, 학습부진, 정서불안 등을 빈번하게 경험하는 것으로 나타나고 있다.

(3) 아동학대

아동학대는 최근 우리나라에서 심각한 사회문제로 등장하고 있다. 아동학대는 보호자를 포함한 성인에 의해 아동의 건강이나 복지를 해치거나 정상적 발달을 저해할 수 있는 신체, 정서, 성적 폭력이나 가혹행위 및 보호자에 의해 이루어지는 유기나 방임을 모두 포함하는 것으로 학대 중에서 아동방임과 중복학대, 정서학대 등이 우리나라에서 특히 두드러진다. 아동이 이러한 학대에 노출될 경우 공격적이거나 퇴행적 행동양상을 보이며 가출이나 불안, 우울, 공포 등의 심리적 문제를 나타내는가 하면 취학 전 아동의 경우 언어발달이 지체되거나 학습에 문제를 일으키기도 한다.

3) 아동을 위한 봉사의 주요 내용

아동을 위한 봉사는 먼저 아동의 욕구를 세심히 관찰하고 아동의 수준에서 그들이 원하는 도움과 방법을 선택하는 것이 필요하다. 아동을 위한 봉사는 공통적으로 발달과 보호, 교육에 초점을 맞춰야 한다. 건전한 성장과 발달, 보호를 위해서는 일반적 의식주 해결뿐 아니라 신체적 발달, 심리적 지지를 위한 방법을 찾아야 하는데 신체활동이나 체육활동, 상담이나 심리적 자립을 위한 지지와 지도를 하는 것이 대표적이다. 사회성을 높이기 위해서는 취미교육이나 동아리활동, 캠프활동, 집단 프로그램 등으로 여가선용과 또래관계 향상 서비스를 지원하며 교육지원을 위해서는 학습지도나 다양한 교육 프로그램을 지도할 수 있다. 또 저소득층 아동이나 한

핵심어 찾기

memo

부모 아동, 소년소녀가장의 보호를 위해서 방과 후 보호 및 탁아시설 아동돌보기 활동을 수행할 수도 있고, 각종 아동관련 기관 및 시설에서 업무를 보조하거나 조사활동, 캠페인 등 간접적 방법으로 봉사를 할 수 있다.

2. 청소년

1) 청소년의 특징

(1) 신체적 변화의 시기

청소년기의 대표적 특징으로 신체적 변화를 꼽을 수 있다. 청소년기는 신장과 체중이 증가하고 골격과 신체구조 자체도 커지며 내부구조도 급격하게 성장한다. 또 아동과 달리 생식능력을 얻게 되는 생물학적 변화가 두드러지는 시기로 신체적으로는 거의 성인의 수준에 이르는 시기이다. 호르몬의 변화와 함께 2차 성징을 통한 생식능력의 완성이 이루어져 성인과 같은 수준이 되는 것이다. 이에 따라 청소년기는 자신의 신체에 대한 관심이 커지고, 성적 관심과 욕구도 발달하며 성 정체성을 확립하는 시기이기도 하다.

(2) 자아정체감 형성

청소년기에는 심리적으로 자아정체감이 형성되며 자아중심성에 몰두하는 시기이다. 자아정체감은 나는 누구이고 무엇을 해야 하며 어떻게 살아야 하는지에 대한 삶의 의미와 목표를 규정하면서 발달한다(강기정 외, 2009). 즉, 자기존재에 대한 인식이 생기고 타인이 바라보는 모습과 자신이 보는 자신의 모습을 일치시키면서 '나'다움을 형성해가는 것이다. 그러면서도 이 시기는 자기중심적이어서 타인에 대한 인식과 배려, 사고가 미약한 시기이기도 하다.

사회적으로는 부모에게 분리되어 독립성과 자율성을 획득하려 시도하고 동성이나 이성친구 등 또래집단에 몰입하기도 한다(홍봉선 · 남미애, 2005). 이러한 변화에 잘 적응하도록 하기 위해 청소년 스스로뿐 아니라 부모, 가족, 친척, 이웃, 사회가 이들의 특성을 이해하고 건전하게 발달할 수 있도록 지원하는 노력이 필요하다.

(3) 자율성, 독립성의 시기

청소년기는 여전히 부모에게 의존적이지만 부모로부터 분리되어 독립적이고 자율적인 삶을 영위하려는 욕구가 커지는 때이다. 아동기에 비해 자율적이며, 독립적인 생활을 영위하는 성인기로 이행하는 과도기이기 때문이다. 이때는 아동기와 성인기의 심리적 특징을 공유하므로 아동도 성인도 아닌 주변인의 특성을 갖는 시기이다(임은희, 2010). 그러나 신체적, 심리적, 사회적 성숙과 함께 새로운 도전 및 사회에서 요구하는 과제를 달성해야 하면서도 심리·사회적 독립과 자율성은 제약받는 시기이기도 하여 특별한 관심이 필요하다.

더욱이 부모와의 갈등은 커지면서 친구관계가 매우 중요해지는 시기이기도 하다. 이 때문에 동성친구에 대한 동조성(따라하기, 함께하기)이 높아지고 이성친구에 대한 관심이 커진다.

2) 청소년 문제

(1) 빈곤문제

빈곤은 아동뿐 아니라 청소년에게도 건전한 성장과 발달을 가로막는 주요한 장애가 된다. 청소년들이 빈곤에 처할 경우 신체적 건강과 인지능력, 학업성취, 심리·사회적 문제 등 제반의 문제를 겪을 수 있는데 질병과 학업부진, 학업중단, 우울, 불안, 비행, 공격적 행동의 예를 들 수 있다. 성인기의 빈곤도 문제이지만 성장과정에 있는 아동과 청소년의 빈곤은 전 생애를 거쳐 영향을 미칠 만큼 심각한 문제이다. 따라서 봉사현장에서 만나게 되는 빈곤계층 청소년의 환경을 잘 이해하여 도움을 주어야 한다.

(2) 신체적 문제

청소년기의 급격한 신체구조 변화는 아직 완성되지 않은

핵심어 찾기

memo

인지 및 사고 능력과 불균형을 이뤄 종종 청소년으로 하여금 혼란을 경험하게 한다. 이 때문에 간혹 부정적 신체이미지를 형성하여 불안해하거나 낮은 자존감을 느끼기도 하며 자연스럽게 생길 수 있는 성적 욕구에 대해 수치스러워하거나 죄책감을 느끼기도 하고, 성적 충동을 억제하지 못하여 곤란을 겪기도 한다. 또 여자 청소년의 경우 신체조숙으로 인해 성적 대상으로서 인식되어 성 문제에 연루되기도 한다.

청소년기는 외모에 대한 관심이 극대화되면서 다이어트나 이·미용에 극도로 신경을 쓰는 시기인데 이로 인해 영양불균형이나 거식증 및 폭식증을 경험하기도 하고 외모집착에 빠지게 되기도 한다. 따라서 청소년의 신체적 변화 및 외모에 대한 관심과 이로 인한 심리적 상태를 이해할 수 있어야 하며 성적 성숙과 함께 이에 걸맞은 성에 대한 올바른 이해와 가치관을 갖도록 돕고 성적 충동을 조절할 수 있도록 도움을 주는 것도 필요하다.

(3) 심리적 문제

청소년기는 급격한 신체적 발달과 함께 심리적으로도 매우 불안정해지는 시기이다. 학업중심의 우리나라 교육환경에서 청소년의 불안과 스트레스는 특히 심각하며 다양한 개성과 욕구는 무시되기 십상이다. 따라서 청소년기의 발달과제인 자아정체성을 제대로 형성하지 못하거나 각종 스트레스와 학업부담, 심리적 격동기에 나타나는 특성들 때문에 공포나 우울, 불안, 물질남용, 자살 등의 장애를 겪을 수 있다.

청소년 문제의 주요 특징은 가정, 친구 등 외부환경과 밀접한 관련을 가지는 것인데 급격한 발달에 따른 변화를 가족이나 주변에서 제대로 이해하거나 수용하지 않는다고 여길 때 일어나며 인지발달과정에서 부정적 사고나 잘못된 의사결정 때문에 문제행동을 일으키기도 한다.

(4) 사회성 문제

청소년기는 사회성을 발달시키고 다양한 인간관계를 통해 성장해야 하는 시기이다. 그러나 자기중심적이고 충동적이어서 논리적이고 합리적 사고에 의한 행동보다 당면한 상황과 결과에 따른 즉흥적 행동을 하는 경우가 많으며 청소년을 동등한 존재로 대하기보다 부모의 소유물이나 성인들보다 낮은 지위의 존재로 대하는 사회적 분위기에 좌절하기도 한다. 또 청소년기의 불안정성과 개인적 특성, 각자 처한 부정적 상황에 의해 좌절감을 느끼면서 대인관계에 문제를 겪는다거나 비행이나 가출 등의 일탈행동, 심지어 범죄를 저지르기도 한다.

청소년의 문제행동을 단순히 비합리적이거나 잘못된 판단에 의해서라고 생각하기보다 행동의 원인이 무엇인지를 확인하고, 판단과 의사결정을 위한 정확한 정보를 제공하여 올바른 판단을 할 수 있도록 돕는 것이 필요하다. 아동과 성인의 중간에 해당되는 과도기적 위치에서 청소년의 지위와 역할이 모호한 경우가 많으므로 청소년이 스스로 결정하고 행동하는 시민으로서의 역할을 준비하거나 경험할 수 있는 기회를 주고 책임감을 확립할 수 있도록 관심과 지원이 필요하다.

tip

아동 · 청소년을 위한 사회봉사(김정진 외, 2005)

- **아동을 대할 때는 말과 행동이 일치해야 한다** : 아동은 순진하여 곧이곧대로 믿으므로 아동을 대할 때는 말과 행동을 일치시켜야 한다. 말과 행동이 일치되지 않으면 믿을 수 없는 사람으로 생각할 수 있으므로 부득이하게 말과 일치되지 않는 행동을 하게 될 때는 아동에게 양해를 구하고, 설명해야 한다.
- **청소년을 대할 때는 주체성과 자발성을 강조해야 한다** : 청소년을 위한 봉사가 되기보다 청소년과 함께 하는 활동이 되어야 하는 것이다.
- **아동과 함께 하는 봉사는 재미있어야 한다** : 아동기는 사회에 대한 신뢰와 사회성을 발달시키는 단계로 친밀감과 흥미를 이끌기 위해서는 재미를 부여해야 한다.
- **아동 · 청소년을 대상으로 하는 봉사는 자연스럽고 편해야 한다** : 아동 · 청소년기는 민감한 시기이므로 타인으로부터 동정어린 도움을 받는 데 예민하고 경우에 따라 수치심을 유발할 수 있으므로 도움을 받는다는 것을 인식하지 못할 정도로 자연스럽고 편해야 한다.

핵심어 찾기

memo

3) 청소년을 위한 봉사내용

청소년기는 신체적 발달뿐 아니라 심리·사회적으로도 급격한 변화를 겪게 되는 시기이며, 특히 인지발달은 아직 성인처럼 논리적이거나 합리적 사고를 하기에 한계를 가진다. 따라서 상담 및 멘토링 등을 통해 개인생활의 관리 및 유지를 위한 적절한 판단과 사고를 할 수 있도록 돕는 청소년 대상의 봉사활동이 호응을 얻고 있다. 이는 진로 및 적성, 학습, 생활상의 문제를 동등한 입장에서 함께 찾고 해결책을 모색하며, 같이 풀어간다는 점에서도 중요하다.

입시와 학업의 중요성이 상대적으로 큰 국내상황에서 청소년을 위한 봉사활동에도 학습지도의 비중이 크고 다양한 특기, 적성 및 여가를 활용한 창의적이고 자율적인 인재를 양성하기 위한 지원활동도 활발하다. 또한 최근 성폭력이나 학교폭력, 인터넷 중독 등 유해환경을 개선하기 위한 조사 및 감시, 각종 캠페인 활동도 활성화되고 있어 새로운 청소년 봉사활동의 영역으로 부상하고 있다.

〈표 6-1〉 아동·청소년을 위한 봉사활동

목 표	봉사활동	활동내용
심리적 지지	상담	– 전화 및 개별상담, 집단상담 – 비행청소년 상담
	결연	– 소년소녀가장, 시설청소년, 비행청소년 후원 결연
사회성 향상	교육지원	– 방과 후 학습지도 – 학습부진아 지도 – 기능교육(컴퓨터, 서예)
	사회활동지원	– 동반외출 – 역사탐방, 산업시찰, 농촌활동 지도
	여가선용	– 음악, 그림, 문학, 연극, 캠프, 전통놀이 지도

생활안정	생활 및 가사지원	– 결식 및 빈곤계층 청소년 무료급식 – 도시락 및 밑반찬 배달 – 청소, 식사준비 및 취사, 세탁, 생필품 구입
	보호	– 방과 후 아동보호 – 시설아동 및 청소년 돌보기 – 가출청소년일시보호(쉼터), 가정위탁보호
기타 간접 서비스	업무보조	– 관련기관 업무보조 – 조사활동 지원
	정보제공 및 캠페인	– 기관홍보, 대상자 지원을 위한 홍보 – 인적·물적 자원조달을 위한 행사 및 캠페인 지원

출처 : 현외성(2004 : 316, 318).

핵심어 찾기

memo

3. 노 인

1) 노인에 대한 이해

'노인'은 말 그대로 나이 들어 늙은 사람이라는 의미로 노인복지 실천에서는 존칭어인 '어르신'이라는 용어로 불리고 있다(김형수 외, 2009). 노인복지법상 65세 이상을 일반적으로 노인으로 규정하고 있으며, 신체적 노화뿐 아니라 심리·사회적 노화가 동반되어 사회적으로 지위와 역할을 상실하게 되는 사람으로 정의되기도 한다(양옥남 외, 2009).

(1) 생물학적 노화

노인이 직면하게 되는 두드러진 특징은 생물학적 노화이다. 우리가 일반적으로 인식하고 있듯 머리가 은빛으로 변하고 신장과 체중이 줄며, 치아 수가 줄고, 얼굴에 반점이 생기고, 뼈의 질량이 감소하고 골밀도가 낮아지기도 하며 근력이 떨어져 운동능력이 감퇴되고 혈액순환 및 심장기능이 떨어져 고혈압, 동맥경화, 뇌졸중 등 다양한 노인성 질환을 앓을 가능성이 커지게 된다(김태현, 2007). 이로 인해서 노인은 자신의 신체이미지가 낮거나 건강에 대한 관심이 높은 시기이기도 하다.

(2) 심리적 노화

노년기에는 심리적 노화도 함께 진행되어 감각기능과 인지기능, 정서 및 정신 기능, 성격 등의 퇴행이나 유지 혹은 성숙의 변화를 겪기도 한다. 시청각 능력이 감소하고 감각기능 저하로 인한 반응속도 둔화로 환경변화에 대한 대처능력이 낮아 안전사고를 당할 가능성이 커진다. 학습능력과 사고능력, 문제해결능력 등의 인지기능도 약화되어 치매, 기억장애, 사고장애, 성격변화 등을 겪기도 한다.

(3) 사회적 노화

노년기 신체적·심리적 노화뿐 아니라 노인을 더욱 괴롭히는 것은 고독과 소외감이다. 이를 사회적 노화라고 하는데 사회적 관계망과 상호작용, 사회화 및 사회적 지위와 역할에서 변화를 맞게 돼 퇴직, 배우자 및 친구의 상실, 축소되는 사회적 관계망의 문제를 겪으면서 소외나 우울, 자살위기에 직면하기도 한다.

따라서 노인을 위한 봉사에 임할 때는 노인에 대한 존경과 겸손한 태도를 가지고 대해야 하며 노인의 관심사를 격려하고, 적극적인 관계형성 노력을 해야 하며 봉사활동을 계획할 때 노인의 의견을 묻고 상의하며, 약속을 지킬 수 없을 때는 반드시 설명하여야 한다. 그러나 연장자로서 존중하다 보면 자칫 노인들이 무리한 요구를 하는 경우가 있는데 이를 방지하기 위해서는 봉사자로서 역할이 어디까지인지 한계를 분명히 설명하는 자세가 필요하다. 또 노인성 질환이나 일상생활 수행동작에 대한 기초 지식을 갖추고, 재활관련 지식을 활용할 수 있는 준전문적 역할도 요구된다.

2) 노인문제

(1) 노인빈곤

노인들이 직면하는 가장 심각한 문제는 퇴직 등의 이유로 정기적인 수입원이 단절됨으로써 경제적 곤란을 겪거나 심각할 경우 생계를 유지하기도 어려워진다는 것이다. 실제로 생활비가 부족하거나 용돈이 전혀 없는 노인이 상당수에 이르며 절대빈곤선 이하의 생활을 하는 노인도 전체의 10%에 달하고 있다(김기태 외, 2009).

(2) 질병 및 일상생활 수행능력 문제

노년기에 이르면 신체 및 정신적 기능의 저하로 인해 일상생활 동작능력이 저하되고, 급·만성질환을 앓는 비율이 높아진다. 노년기 질환은 회복이 어렵고, 만성적이며, 시간과 비용이 많이 든다는 특징이 있는데, 주로 관절염, 고혈압, 호흡기계 질환, 백내장, 만성요통 등을 앓지만 경제적 문제 때문에 적절한 치료를 받지 못하고 가족이나 부양인력이 부족하여 적절한 간호와 수발을 받지 못함으로써 더욱 악화되는 경향이 있다. 치매나 뇌졸중 등 중증 노인성 질환을 앓는 경우는 노인 자신뿐 아니라 가족의 스트레스와 의료비 부담 등이 심각해 여러 문제를 파생시키기도 한다.

(3) 고독과 소외

경제 및 건강문제가 노년기의 위기라면 이를 더욱 가중시키는 것은 고독과 소외의 문제이다. 산업화와 도시화로 인한 자녀세대의 사회적 이동, 핵가족화는 노인들이 자녀의 얼굴 한번 보기 힘들게 되는 심리·사회적 분리를 초래하였으며 노인가구의 절반 가량이 혼자 살거나 노부부만 사는 노인 단

핵심어 찾기

memo

독가구이다. 더욱이 퇴직으로 인한 사회생활이나 집단경험의 기회가 줄어 노인의 소외와 고독현상은 갈수록 심화되고 있다.

(4) 무료함

노인문제의 또 다른 양상은 '할일이 없다'는 무료함이다. 평균수명의 연장과 조기퇴직으로 노년기는 상당기간 연장되었지만 노동시장에서의 경쟁력은 상실되고, 가족 내에서의 가장역할도 잃어버린 채 이렇다 할 여가선용의 기회나 방법, 제반 여가시설마저 갖추지 못한 현실에서 노인들은 할 일 없이 공원을 배회하거나 경로당에 옹기종기 모여 시간을 보낼 뿐이다. 따라서 여가의 사회화가 필요하며 노인의 여가선용문제에 대한 대안이 필요하다.

tip

노인을 위한 사회봉사의 Tip(류기형 외, 2009)

- 노인은 자신을 쓸모없고, 가치 없다고 느끼는 경우가 있는데 봉사자가 성의나 예의 없는 차림과 태도를 보일 때 이러한 느낌이 더 커질 수 있다. 따라서 예의에 어긋나지 않는 복장과 태도를 갖추는 것이 필요하다.
- 노인에게 도움을 주기 전 반드시 의사를 묻거나 상의하는 자세가 필요하다. 이는 존중의 표시이기도 하며 참여가 저조하거나 무기력감을 느끼는 노인을 격려하는 차원에서도 효과적이다.
- 노인들은 간혹 나이가 어린 대학생 봉사자를 손자뻘이나 아랫사람으로 생각하여 무리한 요구를 하는 경우가 있다. 이때는 봉사자의 역할과 한계를 분명히 설명해야 한다.
- 신변수발이나 응급상황에서는 봉사자 혼자 문제를 해결하고 도움을 줄 수 없으므로 무리하지 않고 자신의 역량 내에서 도움을 주어야 한다.

3) 노인을 위한 봉사활동

노인을 위한 봉사는 노인이 신체·심리·사회적 노화와 이로 인한 문제를 완화하고 욕구충족을 할 수 있도록 지원하며, 생활문제를 해결할 수 있도록 하는 데 목적을 둔다. 이를 위해 노인의 가정을 방문하여 기본적인 식사 및 목욕 등의 생활문제를 지원하거나 가사지원, 말벗서비스를 제공할 수 있다. 건강이나 일상생활수행에 어려움이 있을 경우 병원수행, 재활운동 보조, 이동지원, 외출지원, 나들이 지원 등을 할 수도 있다. 가정 내에서의 무료함을 달

래주기 위해 생활정보를 제공하거나 취미활동을 지원할 수 있으며 좀 더 적극적으로는 지역사회기관과 협력하여 노인을 지원할 인적·물적 자원을 동원할 수 있을 것이다.

최근 가정이 아닌 양로시설이나 의료·보건시설에서 생활하는 노인의 수도 증가하고 있어 시설거주 노인을 위한 다양한 봉사활동도 고려해 볼 수 있다. 치매나 뇌졸중 등의 노인성 질환을 겪는 노인을 보호하는 요양시설의 경우 각종 재활치료 프로그램을 보조하거나 물리치료, 보행훈련, 일상생활동작훈련 등의 치료활동을 보조할 수 있다. 이 밖에 식사나 목욕 등의 기본적인 일상생활 지원도 가능하다.

한편 젊은 시절 사회적 편견과 빈곤으로 배움의 기회를 놓친 노인의 경우 교육과 학습에 대한 욕구가 높은 점을 감안하여 각종 학습 및 교육 프로그램을 지원할 수 있다. 경제성장과 다양한 욕구의 표현으로 인한 전 국민의 여가생활에 대한 관심이 커지면서 노인의 취미나 특기, 욕구 및 소집단 활동을 여가활동의 일환으로 지원하기 위한 프로그램 봉사도 노인을 위한 주요 활동이 되고 있다.

〈표 6-2〉 **노인을 위한 봉사활동**

봉사활동	활동내용
심리·정서지원	– 안부전화 걸기 – 독거노인방문 및 말벗
	– 인지치료, 작업요법 지도 및 보조 – 가정결연
사회활동지원	– 외출동행 보조 – 사회적응 지도 및 보조 – 편지나 자서전 대필
교육지원	– 한글지도 – 컴퓨터·외국어 등 학습지도 – 휴대폰 사용지도 – 취미활동 지도

핵심어 찾기

memo

생활지원	− 노인가정 환경미화 − 급식지원, 도시락 및 밑반찬 배달 − 이 · 미용 서비스 − 가사지원 및 간병 − 장수사진 촬영
취업지원	− 구인 · 구직 상담 보조 − 구직노인 작업지도 및 보조
의료지원	− 노인건강강좌 보조 − 건강검진 및 병원이용안내 − 병간호 · 신체적 수발 − 물리치료 및 재활치료 보조 − 건강관리지도
기타 간접봉사	− 차량운행을 통한 이동 지원 − 관련기관 및 단체업무 지원 − 기관방문 및 위문공연

출처 : 1365 자원봉사포털(www.1365.go.kr) 자원봉사 교육자료.

4. 장애인

1) 장애인에 관한 이해

세계보건기구(1980)는 장애를 기능장애(impairment), 능력장애(disability), 사회적 불리(handicap)의 세 개 영역으로 나누어 규정하고 있다. 기능장애는 생물학적 장애로 기능의 감소를 가져다 준 영구적, 또는 일시적 병리상태를 의미하며, 능력장애는 기능장애에서 야기된 것으로서 인간에게 정상적인 것으로 간주되는 범위 내에서 또는 그러한 방식으로 활동을 수행하는 능력의 제약이나 결여를 말한다. 사회적 불리는 선천적 또는 노령, 질병, 사고 등으로 인하여 신체적 · 정신적 상태가 일시적 또는 영구적으로 손상되어 독립된 생활이나 교육, 취업 등이 저해되는 상태를 일컫는다(권중돈 · 조학래 · 김기수, 2008 : 226).

이에 따라 국제연합의 장애인 권리선언(1975)에서는 장애인을 "선천적이든 아니든 신체적 또는 정신적 능력의 결함으로 인해 일상의 개인 또는 사회생활에 필요한 것을 확보하는데 완전히 혹은 부분적으로 스스로 행할 수 없는 사람"이라고 정의하고 있다. 우리나라에서는 장애인복지법 제2조에서 "신체적·정신적 상태로 인해 장기간에 걸쳐 일상생활 또는 사회생활에 상당한 제약을 받는 자"로 정의한다.

장애인들이 겪고 있는 장애는 선천적 장애와 후천적 장애로 나누어지는데 질병과 사고 등으로 인한 후천적 장애의 비율이 높다(유동철·이미라·박소연, 2011). 사지와 몸통의 중추신경계나 뼈, 근육, 관절 등 운동기능 장애를 가진 지체장애에서부터 중추신경계 손상으로 인한 뇌기능 문제로 보행이나 일상생활동작에 제한을 받는 뇌병변장애, 시각장애, 청각장애, 언어장애, 안면부위 기형이나 변형의 안면장애, 지적기능의 장애를 동반한 정신지체, 정신병리적 현상에 의한 정신장애, 출생 이후부터 발병하여 대인관계문제나 부적절한 공격적 행동을 보이는 발달장애 등 내용도 다양하다.

2) 장애인의 문제

(1) 빈곤문제

장애인들이 겪는 가장 큰 문제는 경제문제, 즉 빈곤이다. 장애로 인해 고용과 취업에 불리하여 경제적 기반이 약하고, 장애와 관련한 보건·의료비 지출이 많아 경제적 부담이 크다. 더욱이 일반인과 동등한 경제활동능력이 있어도 사회적 편견과 차별로 인한 경제활동에 어려움을 겪으면서 직업을 얻지 못하거나 저임금 단순노동의 취약한 노동구조에 처하고 있다.

(2) 질병 및 일상생활 수행문제

장애인 중 대다수는 저소득층임에도 불구하고 장애로 인해 파생되는 다양한 질병을 앓고 있으며 일상생활을 원활하

핵심어 찾기

memo

게 수행하는 데도 어려움을 겪고 있다. 장애와 질병 치료뿐 아니라 재활치료를 지속적으로 받아야 하며 인간이라면 기본적으로 영위하는 일상생활 수행에서도 비용부담이나 주변의 관심과 도움 부족, 사회적 제반시설 미비로 이를 포기하는 경우가 많다. 따라서 봉사자는 재능기부나 특기, 적성 및 전공 연계를 통해 재활치료를 지원하거나 가사지원 및 식사수발, 이동지원 등의 일상생활을 지원할 수 있을 것이다.

(3) 보육 및 교육 문제

장애인 중 장애아동의 보육 및 교육 문제도 심각하다. 9세 이하 장애아동 중 보육시설이나 유치원을 다니지 않는 경우가 60~90%에 달하여(보건복지부, 2007) 이들 대부분은 가정에서 부모나 가족이 돌보고 있는 것으로 나타나고 있다. 장애아동이 있는 가정은 장애아동의 수용에 대한 어려움, 적절한 아동 대처방식, 아동케어에 소요되는 시간적·신체적·정신적 노력의 한계를 호소하며 이로 인한 가족 긴장 및 갈등을 겪기도 한다.

장애아동의 진학률은 상급학교로 갈수록 낮아 장애아동 및 청소년의 교육 문제가 심각하다. 이 밖에 차별과 편견 같은 생활 전반의 소외 및 낙인의 문제와 상실 및 슬픔, 스트레스 등의 심리적 문제, 이동권 및 정보접근성의 문제도 두드러져 이에 대한 대책이 시급하다.

(4) 심리·사회적 문제

장애인은 그 자신뿐 아니라 가족까지 만성적인 스트레스, 불안, 무기력감을 경험하여 부정적인 정서를 유지한 채 생활하는 경우가 많다. 장애에 대한 사회적 낙인과 차별로 수치감을 느끼면서 자존감이 낮아지고 이로 인해 사회와 고립되어 혼자 생활하기도 하고 가족들 역시 장애인 보호와 수발로 사회적 활동까지 제한되어 우울, 불안, 무기력, 절망, 대인관계 기피를 겪기도 한다(김승용 외, 2011). 따라서 봉사자는 장애인과 그 가족의 사회적 관계형성에 도움을 주고 이를 통해 이들의 심리적 고통을 완화하는 통로가 될 수 있다.

(5) 이동의 문제

인간은 적극적인 사회참여와 인간다운 삶을 위해 자유롭게 이동하고 사회 각 분야에 접근할 수 있는 권리를 가진다. 그러나 장애인의 경우 장애로 인해 자유로운 이동에 어려움을 겪을 뿐 아니라 장애인에 맞춘 이동 및 편의 시설의 부족으로 접근에 곤란을 겪기도 한다. 대중교통이나 공공시설, 대중시설 등을 이용할 때 직면하게 되는 여러 물리적 장벽이 대표적인 예다. 장애인들이 일상적인 생활을 영위할 수 있도록 이동권을 보장하고 이를 통해 사회의 다양한 기회를 활용할 수 있도록 지원하여야 한다.

tip

장애인을 위한 사회봉사의 Tip(류기형 외, 2009)

- 장애인을 대할 때 과잉보호, 과잉친절을 삼가야 한다. 도움에 대한 요구가 있을 때만 도와주고, 그들이 무엇을 원하는지 잘 듣고 자연스럽게 행동해야 한다.
- 비슷한 증상과 모습을 가진 장애인이라도 각기 독특한 개성과 욕구를 가지고 있으므로 장애인의 개인차를 존중하고, 각기 다른 개별화된 도움을 줄 수 있는 방법을 찾아야 한다.
- 장애인을 위한 봉사현장이나 모습, 장면을 기록이나 촬영 매체홍보의 수단으로 사용하려는 경우가 있는데 이는 자칫 장애인을 상품이나 이미지 도구로 사용하여 인격을 침해할 수 있다. 따라서 사전에 대상자, 기관담당자 등과 상의가 필요하다.

3) 장애인을 위한 봉사활동

장애인을 위한 봉사에 앞서 봉사자는 장애인에 대한 자신의 관점과 편견을 숙고해야 한다. 즉, 장애인이 주류사회에 충분히 통합되어 생활할 수 있는 존재라는 확신과 그들의 잠재력과 소질에 대한 믿음, 장애인에 대한 충분한 이해를 갖추고 있음을 확인해야 한다. 또한 장애인을 차별 없이 진정한 동반자 혹은 친구로서 볼 수 있어야 하며, 외부의 시선이나 편견에 당당하

핵심어 찾기

memo

여 장애인의 대변자가 될 수 있어야 한다. 재활이나 치료, 교육 등에 대한 기초 지식도 어느 정도 필요하다.

장애인 봉사는 주로 외부나 비장애인과의 접촉을 늘리는 방법에서 출발하여 소질과 적성, 직업능력을 개발하거나 여가를 선용하고 원하는 활동이나 생활을 할 수 있도록 지원하는 방법이 있으며 지역사회의 기관이나 시설을 편리하게 이용하거나 접근할 수 있도록 지원하고, 직장에 취업하거나 사회에 적응할 수 있는 각종 교육 및 상담을 돕는 것이 주를 이룬다.

좀 더 구체적으로는 대중교통 이용을 지도하거나 보조하는 일, 청각장애인들이나 뇌성마비 및 지적 장애인을 위한 의사소통 지원, 중증장애인 나들이 보조, 장애아동 학습보조, 컴퓨터 교육, 현장학습보조, 취업알선 및 사후 지원, 목욕 및 식사보조, 가사활동 지원 등 다양한 영역에서의 도움이 가능하다.

〈표 6-3〉 **장애인을 위한 봉사활동**

목 표	봉사활동	활동내용
심리·정서적 지지	정서지원	- 전화상담 - 책, 신문 읽어주기, 말벗
	심리적 자립	- 심리재활 프로그램 안내 및 보조
사회성 향상	사회활동지원	- 대중교통 이용 지도 및 보조 - 지역사회시설 이용 지도 및 보조 - 수화통역 - 중증장애인 나들이보조 - 장애아동 통학보조 - 시각장애인 길 안내 - 운전봉사 - 장애인 특수장비 보조(휠체어, 목발, 의족 등)
	교육지원	- 학습지도 및 보조 - 컴퓨터교육 - 시각장애인 이동훈련 보조 - 직업훈련 보조
생활안정	여가선용	- 학예활동 지도 - 체육활동 지도 - 현장학습 및 여가선용 보조 - 운동회, 견학, 야외학습 보조

생활안정	취업지원	– 구인 · 구직 상담 – 구직장애인 작업지도 및 보조 – 취업알선 및 사후지원 – 고용홍보 보조
	생활지원	– 목욕 · 반찬 · 가사지원 – 환경미화/ 이 · 미용 서비스
	보호활동	– 장애아동 돌보기 – 장애인그룹홈 관리 보조
	의료 및 건강지원	– 순회진료, 언어치료 보조 – 건강검진 및 병원이용 안내 – 병간호 · 신체적 수발 – 물리치료 및 재활치료 보조 – 건강관리 지도
기타 간접 서비스	시설지원	– 관련기관 및 단체업무 보조 – 설비 및 장비 보수 및 환경관리
	사회환경 조성	– 조사 및 연구 개발 – 장애인 관련행사 및 캠페인 보조

출처 : 유동철 외(2011), pp. 65-66.

핵심어 찾기

memo

생각해 봅시다!!

1. 아동들이 가지는 일반적 특징을 정리해 보세요.

2. 아동들의 건전한 성장과 발달을 위해 봉사자가 할 수 있는 활동은 어떤 것이 있는지 생각해 보세요.

3. 노인을 위해 대학생 봉사자가 할 수 있는 적절한 봉사업무는 어떤 것이 있는지 기술해 보세요.

4. 장애인이 겪는 어려움 중 한 가지를 쓰고 이를 해결하는 데 도움을 줄 수 있는 봉사활동 두 가지를 써보세요.

Chapter 07

사회봉사 프로그램

1. 사회봉사와 프로그램
2. 사회봉사 프로그램이란?
3. 사회봉사 프로그램의 필요성
4. 사회봉사 프로그램 개발원칙
5. 사회봉사 프로그램 개발과정
6. 사회봉사 프로그램의 실제

CHAPTER

07 사회봉사 프로그램

학습목표

1. 사회봉사 프로그램의 필요성을 이해한다.
2. 사회봉사 프로그램의 개념을 이해한다.
3. 사회봉사 프로그램 개발 원칙을 이해한다.
4. 사회봉사 프로그램의 개발 과정과 내용을 이해한다.

핵심어 찾기

memo

1. 사회봉사와 프로그램

최근 대학에서는 전문화, 교육화, 지속성 강화를 위한 전문적 봉사활동의 중요성이 커지고 있다. 즉, 전문성과 연계된 지속적 봉사활동이라는 맥락에서 전공과 연계된 봉사학습이 강조되며, 특히 봉사를 통한 교육과 학습이라는 목적을 달성하고 봉사에 지속적으로 참여할 수 있도록 하는 방안을 마련하는 것이 중요한 사안이 되고 있다. 더욱이 30~40%에 달하는 중도탈락율, 육체노동과 관련되는 단순 봉사업무가 여전히 많은 비중을 차지하고 있는 현실에서는 이러한 대학봉사의 목적을 달성하기 위한 새로운 봉사방안이 요구되고 있다.

대학생들이 학기 중에 수행하는 봉사활동은 학업과 다양한 교내·외 행사, 개인적 일정 때문에 안정성과 지속성을 유지하기가 쉽지 않다. 따라서 초기에 높은 열정과 봉사정신으로 시작을 했다 하더라도 봉사과정 중 관두는 경우가 허다하다. 봉사의 지속성이 유지되지 못하는 것은 단순히 봉사의 중단만을 의미하는 것이 아니라 봉사의 의미와 보람을 확인할 수 있는 기회를 얻는 데 실패하며, 장기적으로는 봉사에 대한 부정적 인식을 갖거나 사회에 진출하여서도 봉사를 생활화하는 데 장애가 될 수 있다는 점에서 심각하다.

자신의 적성과 개성을 살리지 못하고 학점 따기에 급급한 계획되지 않은 사회봉사는 봉사에 대한 흥미를 잃게 하여 사회에 진출한 후 봉사를 지속하지 않는 '봉사단절' 현상을 초래하여 각종 다양한 사회문제를 해결하는 데 필요한 사회구성원들의 나눔과 협력을 가로막는 원인이 되기도 한다. 따라서 효과적이고 지속적인 봉사를 위해서는 봉사에 임하기 전 봉사자들이 구체적으로 어떤 봉사를 할 것이며, 봉사를 하는 데 필요한 자질과 기술은 무엇인지에 대한 성찰과 봉사에 대한 구체적인 계획이 필요하다. 이러한 맥락에서 사회봉사 프로그램의 역할이 중요하고, 이 때문에 봉사를 수행하기 전 계획이 필요하다(권영미, 2011).

대학생의 경우 자신의 전공과 개성, 특성에 맞는 봉사활동에 참여할 경우 봉사활동의 흥미는 더욱 커질 수 있다는 점에서 프로그램 봉사의 필요성이 커지고 있다(김범수, 2010). 사회봉사 프로그램은 다른 말로 '직무계획'이라는 용어로 활용되기도 하는데 얼마 전까지만 해도 주로 봉사자를 관리하고, 운영하는 각 기관관리자들의 주요 업무였으나 사회봉사가 보편화되고 다양한 욕구와 재능을 가진 봉사자들이 등장하면서 이들의 봉사수요를 충족하고, 만족도 및 지속성을 높이며, 적재적소에 배치되기 위해서는 수요자(기관관리자)뿐 아니라 공급자(봉사자) 역시 자신의 개성과 적성, 재능을 적용한 봉사 프로그램을 적극적으로 제안할 필요가 있게 되었다.

관리자들이 제시하는 봉사 프로그램을 수동적으로 선택하기보다 봉사자 스스로 봉사활동에 대한 동기와 목표를 명확히 하고, 이를 어떻게 구현할지에 대한 계획을 마련해야 한다. 대상자, 목표기간, 장소 등을 관리자들과 협의하여 선정할 때 봉사가 훨씬 더 즐겁고 지속 가능성이 높으며 장기적으로는 봉사의 의미와 보람을 확인할 수 있을 것이다. 그러나 현실은 많은 봉사수혜기관이나 봉사단체들이 프로그램 개발을 소홀히 함으로써 원래의 취지와 목적을 성취하지 못하고 개인봉사자 역시 제대로 된 계획 없이 기관에서 제시하는 프로그램에 수동적으로 임하여 봉사를 중단하거나 오히려 문제를 일으키기도 한다(Johnson, 1995). 이를 개선하기 위한 차원에서도 봉사 프로그램의 개발이 필요하다.

2. 사회봉사 프로그램이란?

프로그램이란 '특정한 목적을 달성하기 위해 자원과 기술이 투입되어 일정한 절차에 따라 이루어지는 조직적 · 계획적 활동체계'라고 할 수 있다(황성철, 2005). 이러한 프로그램의 정의를 감안할 때 사회봉사 프로그램이란 '지역주민과 지역사회, 봉사자 자신을 변화시키기 위해 이루어지는 체계화된 봉사활동계획'이라고 할 수 있을 것이다.

사회봉사 프로그램은 단순히 봉사수요기관이나 기관의 봉사관리자에게만 국한하지 않고, 포괄적 측면에서 봉사자나 봉사관련 단체 및 회원 등이 수행하는 모든 종류의 프로그램으로 볼 수 있는데, 사회봉사 프로그램에는 간략하게는 특정 목적을 달성하기 위한 구체적인 봉사활동 계획과 절차를 제시하기도 하며, 좀 더 넓게는 활동의 목적과 이에 따른 구체적 활동계획 및 절차, 인력, 기간, 장소, 예산까지 명시되기도 한다.

사회봉사 프로그램은 그동안 주로 봉사자 수요기관에서 한해 사업이나 주요 업무로 기획되어왔으나 최근에는 봉사자 주도 혹은 재능기부의 형태로 봉사자 스스로가 기획하여 봉사를 수행하는 사례가 점차 늘고 있다. 봉사자 자신의 개성과 능력을 살려 봉사의 참된 의미를 느낄 수 있도록 활동목적을 스스로 수립하고 이에 따른 구체적 활동계획 등을 제안하여 수행한다는 측면에서 봉사자의 역량을 강화하는 주요 방

핵심어 찾기

memo

안이 되고 있다. 더욱이 기관뿐 아니라 봉사자 스스로 기획하는 사회봉사 프로그램은 점차 다양해지는 대상자의 욕구충족이라는 점에서 의미가 있으며 갈수록 치열해지는 기관들의 업무 및 특성의 차별화 전략과 지역사회협력을 통한 체계적이고, 효율적인 업무수행을 위해서도 긍정적이다.

그러나 봉사자 스스로가 사회봉사 프로그램을 기획, 구성한다 하더라도 봉사는 타인과의 '관계' 그 자체이며 대상자들의 '변화'를 돕는다는 점에서 타인, 즉 대상자들에게 맞도록 합리적이고, 객관적으로 개발되어야 한다. 인간 간의 의미있는 관계를 통해 함께 활동함으로써 대상자뿐 아니라 봉사자의 변화를 이끌어낸다는 점에서 이를 성공적으로 실현할 수 있는 논리적·체계적 방법을 제시해야 하기 때문이다. 이를 위해서는 사회봉사 프로그램에 대한 정확한 지식을 갖춰야 하며 체계적인 개발과정을 통해 대상자에게 도움이 될 만한 프로그램을 개발하여야 한다.

3. 사회봉사 프로그램의 필요성

사회봉사는 다양한 조직에서 수행되고 있으며 그 형태와 방법도 조직유형과 인력구성, 예산, 기타 변인들에 따라 매우 다양하게 전개된다. 따라서 어떤 조직의 경우 인력과 예산 부족으로 업무의 중요부문까지 봉사자를 활용하는가 하면, 또 어떤 조직은 대부분의 업무가 유급화된 전문가나 준전문가들에 의해 이루어지면서 봉사자의 역할이 상당히 제한적인 경우도 있다. 이렇듯 조직의 특성에 따라 봉사활동 업무와 그 범위가 달라지지만 많은 기관에서 봉사자를 필요로 한다는 것은 사실이며, 이를 효율적으로 운영하고 봉사활동을 효과적으로 이끌어내기 위해서는 봉사자의 업무와 역할에 관한 명확한 규정과 배치, 관리가 필요하다. 최근 들어 봉사활동 프로그램의 필요성에 대한 논의들이 광범위하게 이뤄지고 있는 것(임은희 외, 2010)도 이 때문이다. 실제 현장에서 사회봉사 프로그램의 필요성이 커지는 이유를 구체적으로 살펴보면 다음과 같다.

1) 역할 명확화

계획된 프로그램은 봉사자의 역할을 명확하게 해주어 업무의 효율성을 높일 수 있다. 봉사자가 봉사수혜기관에서 누구를 대상으로 어떤 활동을 어떤 절차를 통해 어떻게 실행할지를 구체적으로 명시하고 봉사시간과 장소, 관계자까지도 미리 제시해 놓게 되면 봉사자 자신뿐 아니라 다른 사람도 봉사자의 역할과 업무를 명확하게 이해할 수 있다. 또 정해진 절차에 따라 수행해야 하는 봉사업무를 확인할 수도 있어 과정별로도 봉사자의 역할을 쉽게 이해할 수 있다는 점에서 사회봉사 프로그램은 유용하다.

핵심어 찾기

memo

2) 지도, 감독의 유용성

봉사 프로그램은 관리자가 봉사자와 봉사자의 업무를 지도, 감독하는데도 유용하다. 계획된 봉사 프로그램에 근거하여 봉사자의 활동과 내용, 결과를 가늠할 수 있기 때문에 봉사자가 할 일에 대한 별도의 설명이 필요 없고 봉사자가 갈 때마다 어떤 봉사업무를 주어야 할지 고민하거나, 봉사자가 어떤 절차와 내용으로 봉사를 수행했는지 일일이 확인하지 않아도 되어 기관관리자의 봉사자 및 봉사업무 관리의 부담을 덜 수 있다.

3) 동기의 적합성

봉사자가 스스로 기획, 개발한 프로그램은 봉사자의 동기와 잘 부합되어 봉사의 의지와 효과를 높일 수 있다는 측면에서 긍정적이다. 기관이나 관리자에 의해 계획된 프로그램의 경우 봉사업무 및 내용, 절차가 명확하나 이에 맞는 봉사자를 찾기가 쉽지 않은 경우도 있고 기관이 주도하여 개발된 봉사업무라는 측면에서 봉사자가 이에 맞춰야 하는 수동성이 내포되어 자칫 서로 맞지 않을 경우 봉사를 중단하거나 효과를 기대하기 어려워지는 상황이 발생할 수 있다. 따라서 봉사자가 자신의 적성이나 특기, 전공 등을 활용하여 기관과의 협의 아래 주도적으로 프로그램을 기획, 설계한다면 봉사자의 동기와 프로그램이 잘 부합되어 봉사의 효과를 한층 더 기대해 볼 수 있다.

4) 자격과 준비 적격성

사회봉사 프로그램은 필요한 기술과 책임, 활동시간 등을 명확하게 하기 때문에 필요한 봉사자의 자격조건이나 준비사항을 구체적으로 제시할 수 있어 관리자뿐 아니라 봉사자 역시 준비나 대응이 용이하다.

4. 사회봉사 프로그램의 개발원칙

사회봉사 프로그램은 처음부터 독창적인 형태의 완전히 새로운 것으로 개발되기는 어렵다. 어떤 프로그램도 처음부터 완벽한 것은 없으며, 완전히 새로운 것도 없기 때문이다(김범수 외, 2007). 따라서 프로그램 개발의 출발은 기존 프로그램의 개선과 발전을 통해 이루어지며 이에 대한 관리자와 봉사자와의 논의를 통해서 현실가능한 프로그램을 개발하게 된다. 앞서 사회봉사 프로그램의 필요성에 대해 살펴본 바 있는데 이러한 필요성을 제대로 충족하기 위해서는 프로그램 개발 시 몇 가지 원칙들을 명심할 필요가 있다.

먼저 사회봉사 프로그램은 봉사자의 동기를 파악하고 이에 따른 자신의 적성과 흥미, 특기 혹은 전공을 연계하여 자신이 흥미를 느낄 수 있고 관심있는 내용을 중심으로 설계하여야 한다. 그래야 봉사활동을 통한 보람과 의미를 느낄 수 있고, 만족감도 향상시킬 수 있기 때문이다. 둘째, 봉사 프로그램을 개발하기 위해서는 자료조사를 통해 대상자에게 적합하고, 그들이 직면한 문제를 해결할 수 있는 객관적 방법을 찾는 노력이 필요하다. 주관적이고 주먹구구식의 프로그램을 개발할 경우 아무리 쉽고 단순한 활동이라 하더라도 대상자의 욕구를 충족시키는 데 실패할 가능성이 크다. 따라서 봉사대상자에 대한 기본적인 이해를 바탕으로 객관적 자료를 통해 문제의 원인과 대안을 찾아 프로그램을 개발해야 할 것이다.

셋째, 사회봉사 프로그램은 봉사자의 흥미, 능력, 발달단계를 고려하여 개발하여야 한다(권중돈 · 조학래 · 김기수, 2008). 관리자들이나 봉사자 스스로가 봉사자의 상태와 적성, 갖고 있는 능력을 감안하여 프로그램을 기획한다면 가장 효율적, 효과적 프로그램의 실행을 기대할 수 있다. 넷째, 사회봉사 프로그램은 봉사대상자뿐 아니라 봉사자 자신의 성장과 발전을 도모할 수 있도록 짜야 한다. 대학생 봉사의 경우, 전공을 연계하거나 자신의 재능과 관련된 활동계획을 짜며 이를 근거로 실천하고, 평가를 하는 과정을 통해 교육적 효과를 향상할 수 있다. 즉, 사회봉사의 인성개발 및 전공능력 향상, 공동체의식 및 사회성 향상 등의 효과를 달성하는 것이다.

핵심어 찾기

memo

5. 사회봉사 프로그램의 개발과정

사회봉사 프로그램을 개발한다는 것은 지역사회나 사회구성원, 좀 더 구체적으로는 봉사대상자의 문제를 인식하고, 이를 변화시키기 위해 프로그램을 기획하고 실행하여 평가하는 전 과정을 의미한다. 이러한 과정은 프로그램을 통해 봉사를 단순하고 일시적인 형태에서 벗어나 지속적이고 체계적인 활동으로 유도하여 봉사의 전문화를 이루는 방향으로 나아가도록 한다.

사회봉사 프로그램이 인간의 삶의 질과 행복을 증진하기 위해 개발되는 다양한 영역의 프로그램이나 지역사회 문제해결을 위한 프로그램과 비교하여 내용과 정도의 차이가 있을 수 있겠지만 문제를 확인하고 프로그램의 목적에 맞게 설계하며 이에 대한 교육과 실천, 평가를 통해 봉사의 목적이 이루어지도록 하는 과정은 거의 유사하다. 이에 근거하여 사회봉사 프로그램의 개발과정은 다음과 같다.

1) 문제 확인과 진단

사회봉사 프로그램은 문제를 인식하고 이를 변화시킬 계획을 수립하고 그 계획을 실천함으로써 바람직한 상태 또는 환경을 만들어내는 인간의 노력을 표현한 것이다(최덕경 외, 2012). 따라서 프로그램을 통해 돕거나 해결하고자 하는 문제를 먼저 찾고, 이에 대한 원인을 찾아 해결하기 위한 최선의 대안을 찾는 노력이 이루어져야 한다. 문제의 원인과 대안을 제대로 찾아야 프로그램이 이루고자 하는 목적과 목표를 제대로 설정할 수 있다.

2) 프로그램 설계

설계란 봉사활동에 대한 구체적인 계획을 세우는 과정으로 프로그램 설계란 대상자들이 직면한 여러 문제 중 중점적으로 해결하거나 도움을 주기 위해 문제를 정하고 이에 대한 목적 및 목표를 설정하여 이를 달성하기 위한 구체적 활동계획을 수립하는 것이다.

목적과 목표는 프로그램이 궁극적으로 혹은 구체적으로 해결하고자 하는 것, 즉 어떤 상태로 변화될 것인지를 의미하며, 활동은 '무엇을 할 것인가', '누가 그 과업을 수행할 것인가', '어떤 과정을 통해 수행할 것인가', '얼마의 기간 동안 수행할 것인가', '어디서 수행할 것인가' 등을 포함하는 계획이다(황성철, 2005).

특히 활동계획은 목적이나 목표를 달성하기 위해 어떤 활동을 할지에 대해 구체성을 띠어야 하는데 활동이 직접적 혹은 간접적인지, 장소는 어디가 적당하며, 어느 정도의 기간 동안 몇 명이 수행하는 것이 적절할지 등을 구체적으로 결정해야 한다. 가령 노인들의 고독이 문제라고 생각할 경우 '노인이 사회적 관계를 형성함으로써 고독의 문제를 해결한다'는 목적 및 목표와 함께 '1명의 봉사자가 매주 1회씩 노인가정을 방문하여 1시간씩 말벗과 안마서비스 등을 지원하여 만남과 교류를 늘린다'라는 식으로 구체화하여 구성하여야 한다.

3) 훈련과 프로그램 실행

프로그램 실행은 설계과정에서 계획되었던 프로그램 구성을 그대로 현실에 적용하는 과정이다. 이에 앞서 봉사자의 교육 및 훈련이 중요하다. 계획된 프로그램을 성공적으로 수행하기 위해서는 프로그램에 대한 명확한 지식과 실행방법, 기술이 습득되어야 하며 이를 위해 사전 훈련 및 교육이 요구된다. 아무리 잘 만든 프로그램이라도 교육이나 훈련이 선행되지 않으면 프로그램의 목적과 방법을 제대로 인식하지 못하여 효과성이 떨어지고, 대상자의 참여를 이끌어내는 것도 힘들어진다(최덕경 외, 2012). 또 프로그램 실행을 통해 프로그램이 당초 의도했던 목적과 목표를 달성하는지, 활동계획은 대상자에게 적절하고 효과적인지 점검하여야 한다.

핵심어 찾기

memo

4) 평 가

평가는 봉사 프로그램이 당초의 목적과 목표를 달성했는지, 처음 계획했던 실행계획을 달성했는지를 확인하는 과정으로 봉사종료 후뿐 아니라 봉사과정에서도 가능하다. 평가는 봉사자 자신의 사기함양을 위해서도 중요하다.

평가를 통해 봉사 방식 및 내용, 자세를 개선할 수 있고 향후에 있을지 모르는 문제를 예방할 수 있다는 점에서 유용하다. 프로그램 실행에 대한 봉사자 개인의 인상을 장점과 단점 중심으로 보고서를 쓰게 함으로써 결과를 반추하게 하는 방법도 좋은 평가방식이다.

6. 사회봉사 프로그램의 실제

다음은 저자가 소속한 대학교에서 학생들이 자신의 개성이나 특기, 전공을 살려 개발한 봉사 프로그램의 사례들을 소개한다.

1) 아동 · 청소년을 위한 창의력미술교실

- **활동목적** : 다양한 미술활동을 통해 아동들의 창의력을 높이고, 미술에 친근감을 가질 수 있도록 한다.
- **활동기간** : 매주 2시간, 주 1회, 16회기, 4개월간 실시
- **대상자 및 수** : 초등학생, 7～8명
- **활동내용**

1주 – 자기소개 및 하고 싶은 미술활동 얘기 나누기,
자신의 특징을 그림으로 그리고, 발표하기
2, 3주 – 가면 만들기, 에코백 만들기
4, 5주 – 클레이 활동, 비누 만들기
6, 7주 – 수수깡을 활용한 입체구조 만들기
8, 9주 – 동물카드 기억해서 그리기

10, 11주 – 스크래치, 데칼코마니 만들기

12, 13주 – 퍼즐그림 그리기와 만들기

14주 – 전시회

- 준비물 : 각 시간별로 별도의 준비물 필요
- 수행봉사자 수 : 리더와 활동 보조가 각 1명씩

2) 독서골든벨

- 활동목적 : 매주 한 권씩 책을 함께 읽고, 책 속 주인공의 기분과 마음, 행동, 표정 등을 그림으로 표현해 보고, 책 내용을 골든벨 활동으로 확인하여 독서에 대한 흥미를 높인다.
- 활동기간 : 매주 2시간, 주 1회, 16회기, 4개월간 실시
- 대상자 및 수 : 초등학생, 5~6명
- 활동내용

  <순서>

  – 인사와 간단한 안부 묻기

  – 오늘의 책 소개

  – 책읽기(봉사자가 구연해도 좋고, 대상자가 1명씩 돌아가면서 읽고 나머지 참가자들은 듣기)

  – 들은 내용 요약해서 발표하기(선착순 1~2명)

  – 책 내용 골든벨로 확인하기

  – 간단한 토론

  – 주인공과 관련된 놀이나 그림 그리기, 역할놀이, 동작 활동 해보기

  – 마무리
- 준비물 : 매주 읽을 책, 스케치북, 크레용이나 색연필, 필기도구

핵심어 찾기

memo

- 수행봉사자 수 : 리더와 보조자 각 1명씩

3) 노인과 장애인을 위한 피부마사지

- 활동목적 : 노인이나 장애인의 신체 이미지 개선과 삶의 활력을 향상하기 위함을 목적으로 한다.
- 활동기간 : 매주 2시간씩, 4개월간 실시
- 대상자 및 수 : 독거노인 및 장애인, 시설보호 노인 및 장애인 2~3명
- 활동내용

  <순서>

  - 인사 및 한 주간의 안부 묻기
  - 마사지 준비(물 데우기, 팩 재료준비)
  - 뜨거운 스팀타월로 얼굴 닦기
  - 마사지 크림으로 간단한 얼굴마사지 실행
  - 스팀타월로 얼굴 닦아내기
  - 녹차팩, 흑설탕 팩 등 천연팩을 만들어 얼굴에 도포
  - 팩 재료가 마르는 동안 손, 발 주물러 주기, 말벗 실행
  - 얼굴 닦고, 정리, 소감 묻기
- 준비물 : 마사지 크림, 천연팩 재료, 팩 도구(넓은 용기, 붓)
- 수행봉사자 수 : 1인, 혹은 2인 1조

4) 응급처치교실

- 활동목적 : 생활 주변에서 일어날 수 있는 사고에 대비하거나 발생 시 손쉽게 할 수 있는 응급대처 방법을 교육함으로써 예기치 않은 사고에 대한 대응력을 향상한다.
- 활동기간 : 매주 1시간씩 2개월 혹은 월 1회씩 8개월간 실시
- 대상자 및 수 : 아동・청소년, 10명 내외

- 활동내용

  <순서>

  1주차 – 인사 및 돌아가며 간단한 자기소개, 사고경험 나누기

  – 응급처치에 대한 간단한 이론교육(응급처치란 무엇인가?)

  2주차 – 생활 속의 응급처치방법
  (붕대 및 삼각건 묶기, 심폐소생술 설명 및 시연)

  3주차 – 물놀이 사고 예방 및 대처방법(설명 및 시연, 실습)

  4주차 – 유괴사고 예방 및 대처방법(설명 및 시연, 실습)

  5주차 – 교통사고 예방 및 대처방법(설명 및 시연, 실습)

  6주차 – 화재사고 예방 및 대처방법(설명 및 시연, 실습)

  7주차 – 가스사고 예방 및 대처방법(설명 및 시연, 실습)

  8주차 – 정리
- 준비물 : 붕대, 삼각건, 응급처치 시연용 인형
- 수행봉사자 수 : 1인, 혹은 2인 1조

5) 장수사진 및 기관회원 프로필 사진 촬영

- 활동목적 : 어르신들의 장수사진과 봉사기관의 이용자 프로필 사진을 촬영하여 기관 및 이용자의 경제적 부담을 줄이고 전공을 연계한 활동을 통해 봉사자의 전공 및 특기, 적성 능력을 향상한다.
- 활동기간 : 월 1회, 혹은 기관요청 시
- 대상자 : 봉사수요기관 및 이용자
- 활동내용

  <순서>

  – 봉사수요기관 혹은 기관이용자의 가정을 방문

핵심어 찾기

memo

– 촬영준비
– 인사와 한 주간의 안부 묻기
– 순서에 따라 촬영하며 말벗이나 얘기 나누기
– 촬영소감 나누기
– 정리

6) 발 관리봉사

- **활동목적** : 어르신이나 장애인을 대상으로 발 씻어드리기와 발마사지, 발톱관리를 지원함으로써 발의 피로해소와 혈액순환을 원활하게 하고 깨지거나 부서지기 쉬운 발톱을 보호한다.
- **활동기간** : 매주 2시간씩, 4개월간 실시
- **대상자 및 수** : 노인 및 장애인, 5~6명
- **활동내용**

  <순서>

  – 장애인 및 어르신 가정을 방문(기관 보호대상자도 가능)
  – 인사와 한 주간의 안부 묻기
  – 준비(더운 물, 세제 준비)
  – 재활용 녹차티백 등을 우린 따뜻한 물에 발을 먼저 씻겨드리기
  – 발마사지 크림이나 로션을 바른 후 손으로 마사지를 한 다음, 도구를 활용한 발마사지 시행
  – 로션크림 등을 깨끗이 닦거나 발을 씻겨드린 뒤 발에 크림 발라드리기
  – 발톱강화제 발라드리기(색조가능)
  – 소감 나누기
  – 정리
- **준비물** : 따뜻한 물과 대야, 세제, 녹차티백, 로션, 발마사지 도구, 손발톱 강화 매니큐어
- **수행봉사자 수** : 1인, 혹은 2인 1조

생각해 봅시다!!

1. 사회봉사 프로그램이 필요한 이유를 정리해 보세요.

2. 자신이 관심을 가지고 있는 봉사대상자를 설정하여 이들에게 어떤 도움을 주고 싶은지 구체적으로 기술해 보세요.

3. 프로그램 개발과정에 따라 실제 사회봉사 프로그램을 기획, 개발하여 양식에 맞춰 작성해 보세요.

4. 자신이 개발한 사회봉사 프로그램을 교내·외의 프로그램 공모전에 제출해 보세요.

부록

1. 사회봉사 수기
2. 자원봉사 윤리강령
3. FAQ(자주 묻는 질문)
4. 사회봉사 관련 양식

부록 1 사회봉사 수기[1)]

함께 한다는 것의 의미를 깨닫게 해준 시간

김○○(문헌정보학과)[2)]

대학에 입학하여 교양과목인 '사회봉사'를 수강하면서 저소득 취약계층 아동의 가정을 방문하여 학습을 지원하는 '학습 멘토링' 봉사활동을 하게 되었다. 평소 아이들에 관심이 많아 선택했지만 처음에는 누구를 가르친다는 일에 부담도 있고 잘할 수 있을지 걱정도 됐으나 막상 할머니와 살고 있는 소심해 보이고, 얌전한 초등학교 2학년 여자아이를 만난 순간 내가 다가가고, 살갑게 굴어 친해지고 싶은 기대와 설렘이 있었다.

그러나 첫인상과 달리 남자아이처럼 씩씩하고, 기운이 넘쳤던 나의 멘티는 공부에 대한 관심도 높아 뭐든 시작하면 곧잘 해내고 수업 중에도 높은 집중도와 학업성취도를 보였다. 초등학교 2학년이지만 덧셈, 뺄셈, 곱셈 등은 기본적으로 다 잘했고, 글읽기도 성격이 좀 급해 가끔 명사를 빼먹기도 했지만 옆에서 지도해 주면 금세 잘 따라해 나를 뿌듯하게 했다.

그런데 좀 친해지니까 편해서인지 숙제도 해오지 않고, 투정을 부리거나 수업을 거르는 일도 생겼다. 그럴 때는 억지로 수업을 하지 않고, 학교에서 있었던 일이나 장래희망, 가족 이야기 등 서로에 대한 이야기들을 나누면서 시간을 보냈다. 그런데 나 역시 시간이 지나면서 봉사를 가기 싫은 날이 생기고, 가서는 후회하고 돌아오는 날도 있었는데 그럴 때마다 그 아이의 웃는 모습과 함께하면서 즐거웠던 시간을 떠올리며 마음을 다잡았다. 하지만 어느덧

1) 이 책에 소개된 수기는 경북 소재 K대학교 재학생들이 교양필수과목으로 한 학기 동안 사회봉사를 수강한 후 봉사경험을 보고한 것이다.

2) 학생의 개인정보보호를 위해 익명처리하였다.

종강과 함께 멘티와 멘티 가족들과 헤어질 시간이 다가오면서 아무것도 모르는 그들에게 어떻게 말해야 할지, 혹 상처받지 않을지 두려웠다. 한 달 내내 고민하다 결정을 내린 것은 우선 방학까지 봉사활동을 더 하면서 헤어질 준비를 할 시간을 갖자는 것이었다.

봉사활동을 하면서 남들을 돕는 봉사라기보다 내가 동심으로 돌아갈 수 있었고, 내가 가진 게 많다는 것을 깨닫게 되었다. 봉사활동도 결국은 끝이 있겠지만 단순히 멘토와 멘티로 만나고 헤어지는 것이 아니라 먼 훗날에도 서로 기억하고, 서로 도울 수 있는 그런 관계가 되었으면 한다.

내가 그들의 이름을 불러주었을 때 ...

권○○(사진영상학부)

봉사활동을 오랜 기간 꾸준히 한 것은 대학교에 들어와서 처음이다. 내가 봉사기관으로 선택한 곳은 지역아동센터였는데 처음에는 어떻게 할지, 어떤 식으로 아이들의 학습을 지도해야 할지 난감했다. 특히 낯가림이 심한 나로서는 무척이나 부담스러웠다.

아이들과 빨리 친해지고, 재미있게 놀아주고, 세심히 도와줘야겠다는 결심을 하고 갔지만 생각만큼 쉽지 않았고 아이들도 처음에는 내게 낯을 가리고, 조금 불편해하는 것 같았다. 내가 먼저 다가가야 했는데 그러지 못해 조바심이 나기도 했다. 학습지도를 하면서 사무보조도 했는데 그 과정에서 아이들의 집안환경과 생활상태를 알게 되었다. 별거가정이나 이혼가정, 조손가정 등 여러 가지 상황에서도 아이들이 웃음을 잃지 않고 열심히 공부하는 것을 보면서 한편으로 마음이 아프면서, 또 한편으로는 대견하고 대단하다는 생각이 들었다. 그래서 그 다음부터 아이들에게 좋은 모습을 보이려고 노력했고, 더 빨리 친해지기 위해 이름을 외우기 시작했다. 이름이 틀리더라도 계속 불러보고, 이름표를 확인하고 했더니 빠른 시간 내에 이름을 외울 수 있었고, 이름을 불러주면 아이들이 나더러 '선생님' 하면서 달려오거나 매달리며 즐거워했다.

나보다 힘들게 사는 사람도 있고 그런 상황에서도 긍정적으로 살고 있는 사람들이 있다는 것을 이곳에서 처음 배우게 되었다. 앞으로 시간과 기회가 된다면 더 많은 다양한 봉사활동을 하면서 많이 배워야겠다. 그리고 원래 아이들에게 관심이 없었는데 봉사활동을 시작한 후부터 아이들이 너무 귀엽고 사랑스러워 앞으로는 전공을 살려 아이들 사진에 더 관심을 갖고 찍어봐야겠다는 생각이 들었다.

생활의 일부가 된 봉사활동

김○○(간호학과)

장애인복지관에서 봉사를 시작한 나는 기관까지 가는 교통편이 좋지 않고 만나본 적도 없는 초등생 장애아동과 친해져야 한다는 것 때문에 마음이 무거웠다. 게다가 봉사 첫날에 봉사업무가 딱히 정해지지 않아서 청소를 해야 했는데 계속 이런 일을 해야 하는지 불만스럽기까지 했다.

그러나 그 이후부터 합창봉사를 하게 됐는데 내가 노래를 먼저 불러 시범을 보이면 아이들이 따라 부르는 식이었다. 힘들게 노래를 따라 부르는 아이들이 너무 귀여웠고, 잘하려 애쓰는 모습이 예쁘고 기특했다. 간식을 챙겨줄 때도 엄마의 마음처럼 챙겨주게 되었고 그렇게 정이 들었다.

식사준비를 할 때는 "애들아 맛있게 많이 먹어"하면 더 달라고 하면서 맛있게 먹는 모습이 엄마가 된 듯 뿌듯했다. 그렇게 한 학기 동안 봉사를 다니다보니 그곳에 가는 일이 일상처럼 편안하게 느껴졌다. 처음에 장애인 기관을 선택할 때 뭔가 꺼려지고 일반아이들과 다를 것이라고 생각하고, 무섭게 느껴졌던 것이 지금 와 부끄럽고, 철없다는 생각이 들었다. 이곳 아이들은 자신이 원해서 장애를 가진 것도 아닌데 나는 이상하고 곱지 않은 시선으로 봤던 것이다.

이번 봉사를 계기로 그 친구들과도 친해지고 봉사기관의 선생님들도 너무 친절해서 나에게 좋은 인식을 심어준 것 같다. 많이 느끼고 배우고 재미있고 즐거웠던 봉사활동이었는데 한 학기를 마무리하면서 같이 끝난다는 생각에 아쉽기도 하지만 정말 의미있는 시간이었다.

이제는 장애인에 대한 편견도 없고 선입견도 많이 없어졌기 때문에 좀 더 다양한 도움이 필요한 사람을 위해 봉사하고 싶은 생각이다. 즐거운 봉사였고 누구나 한번쯤 해보면서 봉사의 보람과 의미를 느꼈으면 좋겠다는 생각에 친구들에게도 추천해 주고 싶다.

사회문제에 대해 관심을 가지게 됐어요

라○○(소방방재학부)

최근 학교폭력 문제가 심각해지면서 초·중등학교의 학교폭력예방사업들이 많아져 학교와 관련 구청, 교육청이 공동으로 마련한 학교폭력예방사업과 관련된 봉사를 하기로 했다.

매주 하교시간에 맞춰 한 초등학교에서 3시간 가량 순찰을 돌고, 아이들의 하교를 돕는 것이었다. 학교 안밖을 꼼꼼히 살펴봐야 하는데, 학교 주변에 세워진 차량 뒤편, 주택가 뒤편, 아파트 주차장 주변, 그 외 구석진 곳까지 자세히 살폈다.

그런데 어느 날 우려했던 일이 일어났다. 순찰이 끝나 학교로 들어오던 중 학교 정문 문구점 앞에서 한 초등학교 고학년생이 저학년생 한 명을 잡아놓고 윽박지르고 있었던 것이다. 보는 즉시 달려가 제지해서 큰 탈 없이 넘어갔고 그날부터 아이들이 안전하고 편하게 하교 후 집으로 돌아갈 수 있도록 순찰을 더 세밀하게 하게 됐다.

어느덧 봉사활동의 끝 무렵이 되었고, 나는 학교폭력에 대한 관심과 인식이 명확해지고 있는 것을 느낄 수 있었다. 이렇게 나 같은 대학생들이 순찰을 하며 아이들이 좀 더 안전하게 생활할 수 있도록 도움을 주었으면 좋겠다는 생각이 들었다. 또 작은 힘이었지만 나 자신이 초등학생들의 학교폭력을 예방하는 데 도움이 되었다는 생각에 뿌듯했다. 물론 날씨가 덥거나 비 오는 날은 힘들기도 했지만 참고 도움을 주려 노력했다는 자부심이 있다.

봉사목적이 학교폭력 예방이듯 학교폭력을 근절하기 위해 우리 사회구성원이 서로 신경을 쓰고 그것을 해결할 수 있는 방안을 생각해 보는 것만으로도 폭력 때문에 안타깝게 자신의 소중한 목숨을 끊어버리는 학생들이 줄지 않을까 한다. 봉사활동을 하면서 최근의 이슈와 관련된 일을 해서인지 남다른 보람을 느낄 수 있었으며 사회의 문제를 해결하기 위한 다양한 활동을 해 보는 것도 좋겠다는 생각이 들었다.

할머니, 할아버지와 세대차 극복!!

권○○(사회복지학부)

한 학기 동안 종합복지관 내에서 어르신들의 부업작업을 도와드리는 어르신희망일터 봉사를 하게 됐다. 어르신들이 용돈을 벌기 위해 종이백 만드는 일을 도와드리는 것이었는데 매주 반복되는 단순작업이었지만 종이백을 접거나 끈을 만드는 등 약간씩 변화가 있는 일들이었다. 단순노동이긴 하지만 일을 할 때는 차분히 집중할 수 있고, 짬짬이 어르신들과 대화도 하면서 재미있기도 했다.

힘든 노동이 아니라 쉬엄쉬엄 하면서 어르신들의 일거리를 도와드리는 보람도 있고, 또 어르신들의 말벗이 되어드릴 수 있다는 점이 특히 좋았다. 그 전에는 노인분들과 함께 하는 게 익숙하지 않아서 불편했는데 어르신들이 먼저 말을 걸어주고, 잘하면 잘한다고 칭찬도 해주시고, 맛있는 차나 간식도 주시면서 살아오신 얘기를 재미있게 해주셔서 노인분들과 가까워질 수 있었다. 봉사활동을 통해 그들을 이해할 수 있는 기회를 얻었다는 것이 이번 봉사의 가장 큰 보람이었다.

나는 그동안 활동적인 일에 맞는다고 생각했는데 이번 봉사를 통해 묵묵히 어르신들의 일을 도와드리거나 좀 지루해도 참을 수 있는 능력이 있다는 점에서 나 스스로에게 놀랐고, 나에 대해 새로운 모습을 발견하기도 했다. 또 우리가 흔히 쓰고 버리는 하찮게 생각했던 종이백에 많은 사람의 정성이 들어간다는 것을 느끼면서 사소하고, 쉬워 보이는 봉사에도 성심과 성의가 필요하다는 생각이 들었다.

종강이 되면서 아르바이트 계획 때문에 봉사를 마무리하게 되었지만 기회가 된다면 다시 한 번 이곳에서 어르신들을 위한 봉사를 하고 싶다.

어르신 피부관리는 내 손에!!

김○○(뷰티학부)

독거노인이나 노부부만 사는 가정을 방문하여 말벗과 상담을 하는 재가노인지원 프로그램을 보조하는 봉사활동을 했다. 처음에 노인들을 대상으로 하는 봉사여서 실수하면 어쩌나 괜히 무섭고 걱정이 되었는데 어르신들은 처음부터 나를 손녀처럼 예뻐해 주셨다. 전공이 뷰티학이라 가정을 방문하는 날 마사지 등 피부미용 서비스를 해드리는 일을 맡았는데 어르신들이 의외로 마사지하는 것을 좋아하셔서 기분이 좋았다.

재작년 외할머니가 돌아가시고 정말 슬펐는데 그곳 어르신들을 마사지해 주면서 외할머니 생각이 나고 보고 싶어서 울컥했던 적도 있다. 그리고 마사지를 해드리러 가면서 어르신들의 열악한 생활환경도 알 수 있었다. 조금만 우리가 관심을 가지고 돌봐드린다면 어르신들도 외롭지 않고 모두 행복해질 수 있을 텐데 하는 생각이 들었다. 교양필수과목이라 처음에는 비자발적으로 시작했지만 이젠 자원해서 봉사를 하고 있고, 마사지뿐 아니라 같이 얘기도 하고, 밥도 함께 해서 먹고 싶기도 하다.

고등학교 때는 봉사라고 하면 그냥 시간만 채우고 점수만 받으려고 했었다. 그러나 대학에 들어와서 많은 것을 배우고, 생각도 조금은 깊어지면서 봉사하는 마음도 달라진 것 같다. 나를 기다리시는 할머니, 할아버지를 위해 시간약속도 잘 지키고, 그들이 원하시는 좀 더 다양한 도움을 드리고 싶다.

배려와 사랑을 나눠주신 어르신들

서○○(부동산지적학과)

치매나 뇌졸중으로 치료와 보호를 필요로 하는 노인분들이 거주하는 요양시설에서 봉사를 시작했다. 처음 봉사를 갔을 때는 솔직히 학점을 받기 위한 것, 그 이상은 없었다. 내가 간 곳은 치매와 중풍을 앓는 분들이 많으셔서 처음에는 다가가는 것도 약간 무서웠다. 그러나 막상 들어가 보니 어르신들은 몸과 정신만 조금 불편하시고, 마음씨는 정말 곱고 친절하셨다.

그중 한 할머니는 나보고 '아이고~ 참하다' 하시면서 나의 손과 머리를 쓰다듬어 주셔서 뭔가 표현할 수 없는 좋은 기분이 들기도 했다. 가정에 홀로 거주하시는 노인들을 위해 도시락 배달도 나갔는데 배달 후 설거지도 맡았다. 그런데 설거지를 하면서 재미있는 사실을 발견했다. 꽤 많은 노인분들이 도시락을 그냥 돌려주지 않고 깨끗하게 씻어서 내가 별로 손을 댈 필요도 없을 정도로 해주신다는 점이었다. 어르신들이 몸도 불편하신데 우리가 불편하고, 힘들까봐 깨끗하게 미리 닦아주신 것이다.

노인시설에서 봉사를 처음 해본 나는 한 기관에서 어르신들을 위해 다양한 프로그램을 기획, 실행하고, 이를 위해 많은 사람이 기부하고 후원하는 사실도 알게 되었다. 또 허리디스크로 고생하시면서 강아지 한 마리와 외롭게 사시는 할머니가 수급비가 나오는 통장과 전기세, 수도세가 나가는 통장이 달리 만들어져 있다는 것을 몰라 전기가 끊겨 추운 겨울에 냉골에서 지냈다는 말을 듣고, 통장정리와 수도 및 전기를 다시 받게 해결해 주시던 사회복지사를 보면서 멋지다는 생각이 들었다. 나도 봉사자로서 대상자들의 상황을 잘 관찰해서 도움을 제대로 드려야겠다는 책임감이 들었다.

장애인에 대한 생각이 바뀌었어요

김○○(간호학과)

처음 장애인 복지기관에 봉사하러 가던 날, 평소 장애인에 대한 부정적인 인식 때문에 장애인 분들을 돌보아 주고 말벗이 되어드리는 일은 내게 엄청난 부담과 걱정을 안겨주었다. 많은 인내와 노력이 필요할 것이라는 생각을 가지고 봉사기관을 방문해서인지 처음에는 긴장이 좀처럼 풀리지 않았다. 그런데 처음 만난 담당 복지사가 나를 매우 친절하게 맞아줬고 친절한 말투로 내가 해야 할 일을 설명해 주셨다. 그 순간 존중받고 제대로 된 대우를 받는다는 느낌이 들어 긴장이 살짝 풀리면서 복지사가 존경스러웠고 빨리 무슨 일이든 돕고 싶었다. 친절이 사람의 마음을 바꿀 수 있고 말 한마디가 매우 중요한 것임을 이때 처음 느꼈다.

내게 배정된 곳은 작업장으로, 지적 장애인들이 자활을 위해 세탁망 뒤집기와 포장으로 생활비를 버는 곳이었다. 걱정했던 것과 달리 그들은 우리와 별 차이가 없었고 일을 도와주면서 대화도 하고, 즐겁게 시간을 보낼 수 있었다. 봉사를 같이 했던 동기들도 처음에는 이러한 단순노동이 무슨 봉사가 되겠냐고 투덜거리며 불만스러워 했지만 그곳에 있는 사람들과 얘기하면서 딱딱하기만 했던 작업장의 분위기가 밝아졌고 이로 인해 장애인분들도 덩달아 기분 좋아하는 것을 느낄 수 있었다.

한 학기 동안 왕복 3시간이나 걸리는 거리를 오가며 지치고 힘든 날도 있었지만 지금은 너무나도 뿌듯하고 함께 했던 사람들과 많이 친해지고 정이

들어서 헤어지는 것이 너무 아쉬웠다. 봉사를 하면서 장애인분들이 예의도 바르고 정이 많다는 것을 느낄 수 있었고 처음 가졌던 장애인에 대한 부정적인 인식도 바뀌는 계기가 되었다. 이 봉사활동을 하면서 내가 얻어가는 것이 있을까? 하는 생각이 있었지만 정말 든든했고 마음의 양식을 쌓아가는 기분이었다.

어르신에게 위로와 추억을 안겨드렸어요

김○○(식품과학부)

치매나 중풍을 앓으시거나 거동이 불편하면서도 혼자 사시는 노인의 가정을 방문해서 불편한 점을 도와드리고 말벗도 해드리는 봉사를 시작했다. 봉사활동을 하면서 느낀 점은 일단 어른 공포증이 있는 내가 할머니께 안마도 해드리고, 말벗이 되어드렸다는 게 우선 자랑스럽다. 찾아가는 길이 멀고 시간이 오래 걸려 힘들기도 했지만 할머니께서 나를 친손주처럼 대해주셔서 좋았고 감동적이었다. 홀로 사시는 노인분들을 뵈면 외롭겠다는 생각이 많이 들었고 그래서 조금은 안쓰럽기도(?) 했다.

혼자 사는 노인들이 외롭게 지내시다가 갑자기 돌아가셨는데도 아무도 몰라 며칠씩 방치되었다는 기사를 본 적이 있는데 외로운 할머니, 할아버지를 직접 뵈니까 자주 찾아뵙고, 또 안 좋은 생각을 하지 않도록 자주 말벗도 해드려야겠다는 생각이 들었다. 처음에 봉사를 시작했을 때는 솔직히 힘들었는데, 시간이 지날수록 그런 생각은 사라졌다. 봉사활동을 통해 새로운 사람을 만나고, 그들을 알아가면서 또 하나의 추억이 생긴 것 같다. 그리고 아마 혼자 했더라면 조금은 힘들었겠지만 친구랑 같이 하니 힘도 되었다. 학점을 위해서라기보다 할머니, 할아버지께 위로가 되고 좋은 추억이 되고 싶어 노력했던 것 같다.

봉사활동을 하면서 많은 일들이 있었는데 그냥 재미있고, 우리 할머니와 엄마 생각도 많이 났다. 엄마가 할머니에게 잘 하는 만큼 나도 엄마에게 잘 해야겠다는 다짐도 하게 됐다. 내가 봉사를 함으로써 누군가에게 도움이 되었다는 게 좋고, 앞으로도 시간이 날 때마다 꾸준히 봉사활동을 해야겠다.

나의 행복했던 시간들

황○○(간호학과)

치매나 뇌졸중 등 노인성 질환을 앓고 있는 노인분들을 보호하고, 치료하는 노인요양시설에서 한 학기 봉사를 하기로 했다. 그냥 대충 할머니들이랑 시간 때우고 가면 되겠지 하는 안일한 마음을 갖고 시작했지만 하루하루 어르신들을 뵈러가고 어르신들이 내 얼굴을 기억해 주시고 반갑게 맞아주실 때마다 내가 이 분들께 더욱 잘 해드려서 정말 친손녀처럼 해드려야지 하는 각오가 생기기도 했다.

내가 봉사를 하러 가는 이곳은 어르신들마다 앓고 있는 질병이 다르고 대부분 조금씩 치매가 있어 혼자 생활하기 곤란한 분들인데 이곳에서 봉사활동을 하다 보면 치매노인이란 일반 어르신들과 다를 바 없이 조금 더 순수한 마음을 가지시고 우리가 좀 더 돌보아 드려야 하는 분들이구나 하고 느끼게 됐다. 또 운동하시는 분들이 내 팔에 지탱하셔서 한 걸음씩 걸으실 때마다 뭔가 이분들에게 내가 힘이 되어드리고 지지대가 되어드린다는 생각에 너무나도 보람되었다.

처음 식사보조를 했을 때에는 여기저기서 도움을 필요로 하시는 분들이 많아 힘들기도 하였고 어르신 분들이 음식을 드시고 양치하신 양칫물을 세척해야 할 때 조금은 머뭇거리기도 하였지만 다 누구의 할머니, 할아버지이실텐데 여기서 이렇게 아픈 몸으로 계신다는 것을 생각하니 더럽다고 생각되지 않았고 우리 할머니가 양치하신 물을 헹궈드리는 것이라고 생각하니 좀 더 마음이 편했다. 이제는 청소용품이나 어떤 물건이 어느 위치에 있는지 알게 됐고, 할머니들, 할아버지들 얼굴도 다 익혀서 어느 방에 계신 어떤 할머니는 식사하실 때 반찬을 잘게 잘라드려야 하고, 어느 방에 계신 할아버지는 어디서만 식사를 하시려 하는지 등의 사소한 것을 알아가면서 어르신들에 관해 더 많이 알게 되었다.

처음에는 우리 봉사자와 별로 얘기도 하지 않고, 눈도 잘 마주치지 않던 할아버지가 멋진 하모니카를 불어주셨을 때와 식사보조 때 말을 잘 못하셔서 드리는 대로 드시다가 탈이 났던 할머니께서 어느 날 '그만' 하며 의사표현을 하시고, 나보고 '예뻐, 예뻐!!' 하셨던 일은 잊을 수 없다. 또 마비로 거동도 잘 못하시고 말도 잘 못하시는 할머니께서 봉사가 끝나 집에 갈 때마다 어눌한 발음이지만 "그래 오늘 수고했다" 해주실 때는 피로가 싹 가시는 느낌이었다.

매주 정기적으로 가는 게 귀찮고, 어떤 날은 피곤하기도 했지만 그곳의 할머니, 할아버지들 때문에 빠질 수가 없었다. 봉사를 하는 그 3시간은 나의 행복한 시간이었고, 그분들을 오래 만나고 기억하고 싶다.

공공기관에서 한 학기를 보내다

최○○(간호학과)

한 학기 동안 내가 봉사를 한 곳은 공공기관인 고용센터였다. 아르바이트를 해본 경험도 없고, 봉사경험도 없는 상태에서 첫 기관 오리엔테이션을 받았을 땐 좀 얼떨떨했다. 내가 할 일은 고용센터 직원들의 업무를 보조하는 것과 실업자들이 취업정보를 얻기 위해 방문하면 컴퓨터로 정보를 찾는 방법을 알려주는 일이었다. 또 요즘은 외국인 노동자도 고용센터를 많이 찾고 있어 이들을 안내하는 일도 짬나는 대로 하게 됐다.

처음 실업급여를 지급하기 위한 계좌자료 정리를 할 때는 뭐가 뭔지 모르겠고, 자료도 너무 많아 헷갈려 손이 많이 늦었다. 그러나 시간이 지나면서 손도 빨라지고, 일도 능숙하게 처리하게 되면서 점점 이 기관에 도움이 된다는 자체로 기분이 좋았다. 더욱이 기관직원들이 친절하게 잘 도와주시고, 설명해 주시면서 일의 전반적인 처리과정이나 행정과정을 알게 되는 좋은 경험을 한 것 같다. 이렇게 일반시민들을 직접 만나 돕는 일은 아니지만 내가 하는 이 일들이 우리 지역 시민이나 내 이웃, 내가 아는 사람들, 심지어 우리 가족들에게도 좋은 일이 될 수 있다고 생각하며 보람을 느낄 수 있었다.

특히 인상적이었던 것은 고용센터 직원들의 얼굴에 항상 웃음이 떠나지 않는 것이었다. 웃는 얼굴이 좋은 것이라는 걸 여기 와서 느끼게 됐다. 봉사 마지막 날 모든 분들께 인사를 드리며 나오는데 정말 뿌듯했다. 그래선지 봉사활동을 더욱 다양하게 해보며 더욱 보람찬 일을 하고 싶다는 생각이 들었다. 교양과목으로 듣기는 했지만 내가 진정 즐겁게 이 일을 한 것 같아 감회가 남달랐다.

친근한 경찰아저씨들

민○○(부동산지적학과)

내가 처음 봉사를 하게 된 곳은 이름만 들어도 무시무시한 경찰서였다. 그런데 봉사를 간 첫날 하게 된 일이 경찰들의 서비스 행태를 확인하기 위한 설문조사였다. 내가 민원인처럼 가장해서 인근 파출소에 전화를 걸어 '면허증을 잃어버리면 어떻게 해야 하는가?', '아버지가 사기당하셨는데 어디에 신고해야 하는가?' 등을 물어봐서 친절도를 조사하는 것이었는데 어떤 파출소 경찰은 매우 친절하게 답해준 반면, 어떤 곳은 건성건성 답해주는 곳도 있었다. 심지어 엉뚱하고 유머러스한 대답을 하는 곳도 있어 무섭게만 느껴졌던 경찰에 대한 선입견을 깨는 계기가 됐다. 요즘은 경찰도 서비스직이라는 담당 경관님의 말씀이 가슴에 와닿았다.

그 후에는 인근 파출소로 직접 나가서 청소를 하기도 하고, 전화를 받아 바꿔드리기도 하고, 또 도보나 경찰차를 타고 순찰을 경찰분들과 나가기도 했다. 순찰이 그저 주위만 둘러보는 것이 아니라 모든 오감을 통해 범죄를 줄이고 범죄의 가능성을 줄인다는 사실을 알게 되었다. 또 하루는 봉사를 하던 도중 갑자기 근처 금은방에 강도사건이 일어나 급히 출동준비를 하셨다. 그 상황에서 경찰관 분들의 굉장한 프로정신이 느껴졌다. 함께 따라가고 싶었으나 그러지는 못했다. 도보순찰을 했던 날은 해가 매우 쨍쨍했었는데 한 시간 동안 걸어 다니면서 "아! 힘들구나" 생각하며 이렇게 힘든 일을 나는 그동안 너무 당연하게만 생각했구나 싶었다.

한번은 정년퇴직을 앞둔 경찰분에게서 30년 동안의 경찰생활에 대해 들을 일이 있었는데 경찰은 평소에 국민의 변호사, 옆집 아저씨, 하소연 상대, 벗이 되어주기도 하고 살인이나 자살사건에 연루될 때는 세상을 떠나는 사람들의 인생을 마무리해 주고 가는 길을 보살펴 주는 장의사의 역할도 한다고 하셨다. 자신의 직업에 강한 자부심을 가진 듯 보이는 그분을 보며 나도 나중에 내 직업을 사랑하는 사람이 되고 싶다는 생각을 했었다.

봉사활동은 다른 사람을 돕는 것뿐 아니라 내가 더 많이 배우게 된다는 생각이 든다. 비록 13주 남짓한 시간이지만 많은 도움이 되지 못했어도 항상 갔다오면서 느끼는 점이 많았다. 다음번에는 노인복지기관이나 아동복지기관에서 봉사해 보고 싶다.

삶의 여유와 다양함을 느낄 수 있었던 경험

장○○(세무회계정보학과)

평소에 시간이 되면 누군가에게 도움이 되는 일을 하고 싶다고 생각했었다. 집과 학교, 친구들과의 만남 등 매일의 좁은 생활영역을 넘어 보다 넓은 세상 속에서 다양한 사람을 만나고 경험을 해보고 싶기도 했다. 그러던 차에 학교에 사회봉사센터가 생기고 봉사기관을 연결해 준다는 말에 봉사를 신청하게 되었다.

평소 관심있었던 어린이와 관련된 일을 해보고 싶어 지원한 곳이 어린이 도서관. 이곳은 시민연대라는 시민단체가 운영하는 곳이었다. 어린이 도서관이라는 곳이 있는지도 몰랐고, 조금은 생소했지만 아이들과 노는 일이 즐겁고, 그들이 가진 솔직하고 순수한 모습을 예뻐하는 내게는 적격이란 생각이 들었다.

첫 봉사활동을 하러 간 날 함께 일을 하게 된 선생님들의 인상이 너무 좋았다. 이용자는 아이들이 읽을 책을 대출하러 오시는 어머니들이 대부분이었고 작은 도서관이어서인지 직원들과도 반가운 인사를 건네는 등 분위기도 좋았다. 처음 보는 나한테도 스스럼없이 인사해 주셔서 포근한 느낌이었다.

처음에는 내가 할 수 있는 일이 책 정리 정도인 줄만 알았는데 도서관에서는 주말에 다양한 행사를 열어 이용자들의 참여를 격려하고 있었다. 근처 공원에서 다양한 프로그램을 열고, 부모님과 아이들이 직접 나와서 프로그램을 함께 하는 모습이 무척 인상적이었는데 나도 행사 도우미를 자청해서 참가하였다. 매주 실시되는 미술 프로그램에서는 진행을 보조하면서 나도 직접 다양한 재료로 만들기도 하고, 조카들에게도 가르쳐 줄 겸 아이들과 함께 손기술을 익히기도 했다.

봉사활동을 하면서 가끔 헷갈렸던 게 나의 시간과 노력을 제공하러 온 게 아니라 내가 오히려 받으러 온다는 생각이었다. 이번 봉사를 통해 그동안 모르고 살았던 시민단체의 활동에 대해 직접 경험해 볼 기회가 있었고 친절한 직원들과 이용자들에게 감사한 마음이다. 도서관이나 미술수업에서 나를 재미있어 해주고 따랐던 예쁜 아이들도 잊지 않을 것이다. 비록 짧은 기간 동안의 봉사였지만 일상의 지루하고 권태로운 느낌을 지울 수 있는 계기가 되었으며, 서로 나누는 삶의 여유를 알 수 있어 감사했다.

부록 2 자원봉사자 윤리강령

첫째, 자원봉사자는 생명의 귀중함과 모든 사람은 평등하다는 것을 인정하며 차별을 두지 않고 상대방의 입장을 이해하는 자세로 활동하여야 한다.

둘째, 자원봉사자는 사회를 구성하는 모든 영역과 분야에서 삶의 질 향상과 건강한 지역사회 조성 및 더불어 살아가는 공존복지공동체 구현을 위해 활동하며 전통문화의 존중과 새로운 문화창출에도 이바지하여야 한다.

셋째, 자원봉사자는 올바른 가치관과 윤리관을 가지고 자신의 능력과 자질을 향상시키기 위한 노력을 하여야 하며 스스로 참여하고 활동하는 일에 대하여 투철한 사명감을 가지고 책임과 의무를 충실히 이행하여야 한다.

넷째, 자원봉사자는 민주시민정신의 실천가로서 지역사회의 다양한 욕구에 부응하고 사회적으로 발생되는 제반문제에 대하여 예방과 치료 및 지원, 협조, 대책을 강구하는 활동의 제공으로 특정한 보수나 대가를 대신한다.

다섯째, 자원봉사자는 활동대상의 권익과 사생활을 보호하고 활동과 관련된 인격존중과 기관의 규칙을 준수하여야 하며 활동 중에 알게 된 비밀을 지켜야 한다.

여섯째, 자원봉사자는 자신의 참여와 활동을 통하여 봉사대상이 새롭게 보호, 변화, 발전하는 것이 곧 자신에게 보람과 긍지를 주고 삶의 의미를 인식케 하는 것이며 또한 자신의 발전과 바람직한 인격을 갖게 하는 원동력이라는 확신을 가져야 한다.

일곱째, 자원봉사자는 지역사회공동체와 국가사회발전에 기여하고 나아가 세계평화와 인류애를 실천하는 봉사자가 되어야 한다.

출처 : 고재욱 외(2011). 1999년 자원봉사자 전국 지도자 대회 선포자료, p. 133.

부록 3 FAQ(자주 묻는 질문)

1. 사회봉사 어떻게 시작하면 되나요?

사회봉사는 우리가 살고 있는 생활환경에서 언제, 어디서나 할 수 있는 일상성을 갖고 있어 참여의사만 있다면 누구라도 할 수 있습니다. 집 근처의 사회복지기관이나 공공기관, 학교 등 어느 곳이라도 가능합니다. 또한 각 지방자치단체별로 설립되어 있는 자원봉사센터를 통해 안내를 받아 활동을 할 수 있고 자원봉사포털(www.1365.go.kr)이나 사회복지인증센터(www.vms.or.kr) 홈페이지 등 인터넷을 통해서도 회원가입 후 안내를 받아 봉사를 시작할 수 있습니다. 요즘은 각 대학에서 교내 사회봉사센터 및 사회봉사 지원팀을 운영하고 있는 곳이 많아 문의, 상담 후 봉사를 시작할 수도 있습니다.

2. 봉사활동을 하려면 어떤 능력이나 자격이 필요한가요?

활동을 위해 특별히 높은 수준의 능력이나 자격이 필요한 것은 아니지만 꾸준히 지속적으로 하기 위해서는 내가 할 수 있는 일과 내가 관심을 가지고, 재미있게 할 수 있는 일을 찾아 하는 것이 필요합니다. 특히 최근 들어 사회복지기관 등 봉사를 할 수 있는 기관에서도 단순 노력봉사보다 재능기부 형태의 봉사를 희망하는 경우가 많고 프로그램을 구성하여 봉사신청을 하는 것도 선호하고 있습니다. 따라서 자신의 소질과 취향, 전공을 고려하여 좀 더 구체적인 계획을 갖고 봉사를 하는 것이 좋습니다.

3. 봉사는 시간과 경제적 여유가 있을 때 하는 것이 좋지 않나요?

봉사가 시간이나 경제적으로 여유가 있을 때 하는 것이라 인식한다면 반대로 시간이나 경제적 여유가 없는 사람은 봉사를 할 수 없다는 말로 정당화될 수 있습니다. 그러나 사회 곳곳에는 장애인, 고령자, 저소득자 등 여유가 없는 사람들이 사회봉사를 하는 사례를 흔히 볼 수 있습니다. 공동체 성원으로서 사회문제를 함께 해결하려는 의식으로 없는 시간이지만 이를 쪼개어 봉사를 하려는 인식과 노력이 필요합니다.

4. 봉사활동은 많이 할수록 좋은 건가요?

봉사활동은 단시간에 효과나 보람을 얻을 수 있는 일이 아니라 지속적이며, 장기적으로 생활 속에 고스란히 녹아든 일상적 활동이어야 합니다. 그러므로 한꺼번에 너무 많은 봉사활동을 하다보면 쉽게 지쳐 그만두거나 학교생활이나 가정생활, 기타 일상생활에도 지장을 줄 수 있습니다. 많이 하는 것이 중요한 게 아니라 할 수 있는 일을 선택하여 오래 하는 '가늘고 길게' 전략이 필요합니다.

5. 봉사시간은 제가 편할 때 가서 하면 되는 건가요?

봉사활동은 봉사자와 기관이 상호 적절한 시간을 협의하여 실시하는 일종의 약속에 의한 활동입니다. 따라서 봉사자가 편한 시간이 아니라 상호 합의된 시간에 해야 하며 만일 불가피하게 봉사시간을 지킬 수 없거나 어겨야 할 경우 사전에 직접 대면으로 혹은 전화로 이를 알리고 반드시 양해를 구하는 배려와 예의가 필요합니다.

6. 봉사활동을 갈 때 특별히 신경써야 할 것은 무엇인가요?

시간약속을 지키는 것과 복장, 예의 문제입니다. 봉사는 봉사자와 봉사수요기관, 그리고 봉사자와 봉사대상자와의 약속입니다. 약속한 시간을 잘 지키고 불가피하게 약속을 지키지 못할 경우 사전에 구두로 혹은 전화로 반드시 상황설명을 한 뒤 양해를 구하는 것이 필요합니다. 연락도 없이 봉사시간을 어기거나 빠지게 되면 기관의 업무나 프로그램 진행에 차질을 줄 수 있으며 대상자들도 실망하기 때문입니다. 또 봉사과정에서 대상자에게 무리한 약속을 하거나 지키지 못할 약속도 삼가야 합니다.

봉사를 나갈 때는 복장에 신경을 써야 합니다. 아동이나 장애인, 어르신들은 봉사자의 복장에 민감하기 때문에 지나치게 화려하거나 짧은 옷, 치장이 많은 옷 등을 피하고 집에서 입는 예의 없는 복장도 자제해야 합니다. 화려한 머리염색이나 현란한 액세서리 등도 마찬가지입니다. 되도록 편하면서 자연스러운 복장이 좋습니다.

봉사를 갈 때는 대상자에게 집중한다는 마음으로 진심을 갖고 대하는 것이 필요합니다. 휴대폰을 지나치게 만지작거리거나 통화를 한다든지, 편한 친구들끼리 쓰는 거친 언행을 그대로 사용하거나 관계가 형성되기도 전에 선물공세로 마음을 얻으려는 태도는 바람직하지 않습니다.

7. 봉사대상자가 너무 과도한 요구나 요청을 하면 어떻게 해야 하나요?

봉사자들이 간혹 도움을 필요로 하는 봉사대상자의 요구와 간청을 못 이겨 모두 들어줘야 한다고 생각하는 경우를 볼 수 있으며, 실제로 그러한 요구를 들어주다가 실망하거나 지쳐서 봉사활동을 그만두는 경우가 종종 있습니다. 봉사자는 자신이 해야 할 일을 명확히 인식하고 봉사대상자에게도 봉사자의 한계를 분명하게 설명하여 자신이 할 일을 정확하게 수행하는 것이 필요하며 과다한 요구나 부탁은 잘 설명하여 정중히 거절하는 것이 필요합니다.

8. 봉사기관 직원이 잘 대해주지도 않고, 해야 할 일에 대해 제대로 안내도 안 해줄 때는 어떻게 하나요?

봉사를 하다가 봉사기관의 직원이나 봉사대상자와 갈등을 겪는 경우가 종종 있습니다. 이러한 갈등을 사전에 방지하기 위해서는 자신이 하는 봉사활동에 대해 정기적으로 '내가 하는 일이 무엇인가?', '내가 수행하는 일의 질은 어떠한가?', '나의 봉사활동에 대해 대상자의 반응은 어떤가?', '좀 더 보완할 내용은 없는가?' 등을 직원에게 물어 확인하거나 봉사대상자의 반응을 묻고 봉사자 스스로에게도 '내가 하는 봉사활동의 가치는 무엇인가?'를 물어 이를 확인하는 과정이 필요합니다. 이러한 노력을 통해 상호 간 이해를 높이고, 문제가 발생할 경우 보다 효과적이고, 원활하게 해결할 수 있습니다. 또한 문제나 갈등이 일어날 경우 담당직원과 솔직한 대화를 하거나 학교의 지도교수나 교과목 담당교수, 사회봉사 슈퍼바이저 등과 상의하여 문제를 해결하는 것도 좋은 방법입니다.

9. 봉사일이 너무 힘들 것 같아서, 망설여지는데 어떻게 해야 하나요?

봉사일이 힘들다고 여겨지면 꾸준히 하기도 어렵고 보람을 느낄 수도 없습니다. 봉사활동은 즐겁고, 함께 어울리는 것이라는 생각이 들어야 합니다. 따라서 봉사일은 처음부터 너무 과중하거나 어려운 일을 선택하기보다는 자신의 역량보다 조금 낮은 수준의 쉬운 일부터 시작하는 게 좋습니다. 그래야만 점차적으로 난이도를 높여가며 봉사의 즐거움과 보람을 높여갈 수 있고 이를 통해 학습의 효과도 커지게 됩니다.

10. 봉사활동을 해도 재미가 없고, 보람도 안 느껴지는데 어떻게 하죠?

처음부터 즐겁고, 보람찬 일은 흔치 않습니다. 심지어 처음에는 즐거웠던 일도 시간이 지나면서 흥미를 잃고 지루해지는 경우도 있습니다. 특히 사람을 만나고, 관계를 형성하고, 서로 친해지는 과정은 시간과 인내가 필요합니다. 라포(rapport, 친밀감)를 형성하는 것은 쉬운 일이 아니므로 인내심을 가지고 꾸준히 활동을 하다 보면 어느 순간 봉사의 즐거움과 보람을 느끼고 있는 자신을 발견하게 될 것입니다.

11. 봉사활동을 하면서 힘든 점이나 불만 등이 생기면 어떻게 해야 하나요?

봉사과정에서 불가피하게 일어날 수 있는 스트레스와 갈등, 고충들이 있습니다. 이때는 동료봉사자나 친구, 봉사기관의 직원들과 그 어려움을 공유하고, 얘기를 나누는 것이 필요합니다. 이것이 여의치 않을 경우 교내의 사회봉사센터나 관련조직 등을 이용할 수 있습니다. 대학 내 사회봉사센터는 학생들의 봉사활동과정에 대한 안내와 지원, 교과운영, 교육, 조사 및 연구 활동 등을 담당할 뿐 아니라 봉사활동과 관련한 상담가(advisor)의 역할을 하는 곳입니다. 봉사활동과정에서 일어날 수 있는 어려움이나 힘든 점, 개선사항, 불만 등을 함께 나누고 해결할 수 있는 방법을 함께 찾아줍니다.

부록 4 사회봉사 관련 양식

(학생용)

<table>
<tr><th colspan="8">사회봉사활동 계획서</th></tr>
<tr><td rowspan="4">봉사자
소 속</td><td rowspan="4">구
분</td><td>성 명
(대표자)</td><td>(인)</td><td>학 부(과)</td><td colspan="3"></td></tr>
<tr><td>연락처</td><td></td><td>학 년</td><td></td><td>학 번</td><td></td></tr>
<tr><td>수강신청
요일 및
시간</td><td colspan="5"></td></tr>
<tr><td>e-mail</td><td colspan="5"></td></tr>
<tr><td rowspan="2">봉사기관</td><td colspan="2">기 관 명</td><td></td><td>기관
담당자</td><td colspan="3"></td></tr>
<tr><td colspan="2">소 재 지</td><td colspan="5">TEL :</td></tr>
<tr><td rowspan="3">봉사활동
사 항</td><td colspan="2">기간 및 시간</td><td colspan="5">20 년 월 일 ~ 20 년 월 일
(총 시간)</td></tr>
<tr><td colspan="2">봉사
요일 및 시간</td><td colspan="5"></td></tr>
<tr><td colspan="2">내용</td><td colspan="5"></td></tr>
<tr><td colspan="8">위와 같이 사회봉사활동을 실시코자 합니다.
20 . . .
봉사자 ____________ (인, 서명)

○○대학교 사회봉사센터 귀중</td></tr>
</table>

(회차)

봉사일지

<table>
<tr><td>이 름</td><td colspan="3"></td><td>학 번(학년)</td><td></td></tr>
<tr><td>과 목 명</td><td colspan="5">사회봉사</td></tr>
<tr><td>봉 사 기 관</td><td></td><td>봉사일자</td><td></td><td>봉사시간</td><td></td></tr>
<tr><td>활 동
내 용</td><td colspan="5">– 어디서, 누구와, 무슨 일을 하였는지 사실 위주로 자세히 쓰세요.</td></tr>
<tr><td>활 동
소 감</td><td colspan="5">– 봉사활동과 관련해 일어났던 일이나 느낌, 기분 생각 등의 경험을 중심으로 쓰세요.</td></tr>
<tr><td>평 가</td><td colspan="5">– 봉사활동과 관련한 자기 평가 및 좋았던 점, 개선사항이나 건의사항을 쓰세요.</td></tr>
</table>

활동기관 평가지

<table>
<tr><td rowspan="2">개인
사항</td><td>학과(부)</td><td></td><td>학 번</td><td></td></tr>
<tr><td>이 름</td><td colspan="3"></td></tr>
<tr><td>활동
기관명</td><td colspan="4"></td></tr>
<tr><td>현재
총활동
시간</td><td colspan="4">총 (　　　)주, (　　　) 시간</td></tr>
<tr><td colspan="5">기관평가</td></tr>
<tr><td>평가
항목</td><td colspan="4">1. 기관에서 봉사 전 사전교육을 받았는가?
① 사전교육 받음(　　) ② 사전교육 받지 않음(　)

2. 기관 담당자는 봉사자가 해야 할 업무에 대해 잘 설명했는가?
① 매우 그렇다 ② 그렇다 ③ 보통이다 ④ 그렇지 않다 ⑤ 전혀 그렇지 않다

3. 기관담당자는 본래 업무와 일치하는 봉사업무를 제시했는가?
① 매우 그렇다 ② 그렇다 ③ 보통이다 ④ 그렇지 않다 ⑤ 전혀 그렇지 않다

4. 기관 담당자는 봉사자에게 친절하였는가?
① 매우 그렇다 ② 그렇다 ③ 보통이다 ④ 그렇지 않다 ⑤ 전혀 그렇지 않다

5. 기관담당자의 전반적 봉사자 관리는 어떠하였는가?
① 매우 잘 관리하는 편 ② 잘 관리하는 편 ③ 보통
④ 제대로 관리하지 않은 편 ⑤ 전혀 관리하지 않은 편

6. 봉사활동 후 기관 담당자와 봉사활동에 대한 소감이나 의견, 평가를 나누는가?
① 자주 나눈다 ② 종종 나눈다 ③ 보통이다
④ 별로 나누지 않는다 ⑤ 전혀 나누지 않는다

7. 봉사활동은 나에게 도움이 되었는가?
① 전혀 그렇지 않다 ② 그렇지 않다 ③ 보통이다
④ 도움이 되었다 ⑤ 매우 도움이 되었다

8. 만약 봉사를 다시 한다면 이 기관에서 봉사를 하고 싶은가?
① 전혀 그렇지 않다 ② 그렇지 않다 ③ 보통이다
④ 그렇다 ⑤ 매우 그렇다</td></tr>
<tr><td colspan="2">봉사기관에 바라는 점</td><td colspan="3"></td></tr>
<tr><td>기관총평</td><td colspan="4">① A+ ② A− ③ B+ ④ B− ⑤ C+ ⑥ C− ⑦ D+ ⑧ D− ⑨ F</td></tr>
</table>

사회봉사활동 결과보고서

<table>
<tr><td rowspan="3">개인
사항</td><td>성 명</td><td colspan="2">(인, 서명)</td><td>학 부(과)</td><td colspan="2"></td></tr>
<tr><td rowspan="2">연락처</td><td>☎</td><td>학 년</td><td></td><td>학 번</td><td></td></tr>
<tr><td colspan="5">e-mail)</td></tr>
<tr><td rowspan="3">봉사활동
사 항</td><td>기간 및 시간</td><td colspan="5">20 년 월 일 ~ 20 년 월 일(총 시간)</td></tr>
<tr><td>봉사기관명</td><td colspan="5"></td></tr>
<tr><td>봉사 장소</td><td colspan="5"></td></tr>
</table>

– 봉사활동내용 –

(봉사활동과 기간 중 느낀 소감 등을 중심으로 구체적으로 쓰세요,
반드시 2p까지 작성할 것)

○○대학교 사회봉사센터 귀중

사회봉사활동 봉사자 신청서 – 수혜기관용

기 관 명		담 당 자	
기관주소			
기관전화		팩 스	
홈페이지 주소		이 메 일	
기관소개			
봉사자 필요분야	1. 생활지원 및 주거환경지원 ☐ 식사, 반찬지원 ☐ 목욕 및 청결지원 ☐ 활동보조 ☐ 이동지원 ☐ 급식지원 ☐ 기타일손돕기 ☐ 실내청소 ☐ 빨래 ☐ 화단 및 실외청소 2. 교육 ☐ 방과후교육 ☐ 학습지도 ☐ 특수교육 ☐ 전문교육(실험실습) 3. 상담 ☐ 말벗 ☐ 상담 4. 멘토링 ☐ 학습멘토링 ☐ 진로적성멘토링 5. 보건/ 의료 ☐ 간호 및 간병 ☐ 의료활동보조 ☐ 의료봉사(헌혈등) 6. 문화/ 행사 ☐ 행사보조 ☐ 공연활동 ☐ 캠페인 ☐ 일회성 이벤트보조 7. 행정지원 ☐ 사무지원 ☐ 업무지원 8. 안전/ 방범 ☐ 교통안전 ☐ 어린이안전 ☐ 청소년안전 9. 전문(치료, 전공 관련 등) 프로그램 지원 ☐ 프로그램 기획 ☐ 프로그램 진행 ☐ 프로그램 진행보조 10. 기타 ( )			

봉사자 필요 프로그램 개요

<table>
<tr><td rowspan="9">봉사활동
프로그램</td><td>프로그램명</td><td colspan="6"></td></tr>
<tr><td>봉사활동기간</td><td colspan="6">년 월 일~ 년 월 일(총 시간)</td></tr>
<tr><td>요청봉사인원
(남/여)</td><td colspan="6">(/)명</td></tr>
<tr><td rowspan="2">일 정</td><td>월</td><td>화</td><td>수</td><td>목</td><td>금</td><td>토</td></tr>
<tr><td>오전/
오후</td><td>오전/
오후</td><td>오전/
오후</td><td>오전/
오후</td><td>오전/
오후</td><td>오전/
오후</td></tr>
<tr><td>장 소</td><td colspan="6"></td></tr>
<tr><td>프로그램
세부진행일정
(예 : 시간표 형태)</td><td colspan="6"></td></tr>
<tr><td>봉사자의
봉사활동 내용</td><td colspan="6"></td></tr>
<tr><td>봉사자가 갖추어야 할
자격요건
(전공, 자격증,
전문지식 및 기술 등)</td><td colspan="6"></td></tr>
<tr><td>공지사항 및
준비물</td><td colspan="7"></td></tr>
<tr><td>봉사자
주의점</td><td colspan="7"></td></tr>
</table>

<table>
<tr><th colspan="5">사회봉사활동 평가서(수혜기관용)</th></tr>
<tr><td>봉사자</td><td>성 명</td><td></td><td>학부(과)</td><td></td></tr>
<tr><td>봉사자
수혜기관명</td><td colspan="4"></td></tr>
<tr><td colspan="2">봉사활동 기간 및 시간</td><td colspan="3">201 년 월 일 ~ 월 일 (총 시간)</td></tr>
<tr><td colspan="2" rowspan="5">수혜기관 소견 및 평가
(*각 항목별로
해당번호에
∨ 표시해 주세요)</td><td>1) 봉사자의 시간 엄수</td><td colspan="2">① 정해진 출석시간과 봉사시간을 잘 지켰다.
② 출석시간이 불규칙하였다.
③ 시간개념이 .부족하여 개선이 필요했다.</td></tr>
<tr><td>2) 봉사자로서의 자세</td><td colspan="2">① 적극적 태도와 복장 면에서 전반적으로 우수했다.
② 적극적 태도와 복장 면에서 양호했다.
③ 보통 수준이었다.
④ 적극적 태도와 복장 면에서 미흡했다.
⑤ 적극적 태도와 복장 면에서 불량했다.</td></tr>
<tr><td>3) 업무 집중도</td><td colspan="2">① 업무에 집중하여 성실히 해냈다.
② 성실하나 업무에 집중하지 못했다.
③ 업무에는 집중했으나 성실성은 부족했다.
④ 업무 집중과 성실성 모두 만족스럽지 않다.</td></tr>
<tr><td>4) 봉사자의 문제점</td><td colspan="2">① 책임의식과 지속성이 부족했다.
② 진정한 봉사정신 결여되었다.
③ 업무나 기관에 대한 지식이 부족했다.
④ 원칙이나 규정을 무시하는 행동을 했다.
⑤ 문제점이 없었다.</td></tr>
<tr><td>5) 봉사자의 봉사 활동이 귀 기관에 미친 영향</td><td colspan="2">① 많은 도움이 되었다.
② 도움이 되었다.
③ 그저 그렇다.
④ 지장을 주었다.</td></tr>
<tr><td colspan="2">봉사자 평가</td><td colspan="3">① A ( ) ② B ( ) ③ C ( ) ④ D ( ) ⑤ F ( )</td></tr>
<tr><td colspan="2">총 평</td><td colspan="3"></td></tr>
<tr><td colspan="5">201 년 월 일

기관(단체)명 : (직인)

평가자(성명/직책) : (인)

○○대학교 사회봉사센터 귀중</td></tr>
</table>

참고문헌

강기정 · 김혜숙 · 박경애 · 이혜자 · 최덕경(2009). 인간행동과 사회환경. 경기 : 공동체

강철희 · 김미혜 · 김성이 · 양옥경 · 정영순 · 한인영(2000). 사회봉사의 이해. 서울 : 이화여자대학교출판부.

고재욱 · 송노원 · 양경희 · 이원웅 · 조재숙(2011). 행복한 사회를 만들어가는 자원봉사론. 경기 : 양서원.

권영미(2011). 간호학생의 전공연계 봉사학습 경험. 한국간호교육학회지, 17(2), 208-217.

권중돈 · 조학래 · 김기수(2008). 자원봉사의 이해와 실천. 서울 : 학지사.

김기태 · 성명옥 · 박봉길 · 이은희 · 최송식 · 최희경 · 박미진(2009). 노인복지론. 경기 : 공동체.

김범수(2010). 지역사회복지론. 경기 : 학현사.

김승용 · 김순안 · 김오복 · 김은묵 · 김재중 · 박은주 · 오준심 · 이경순 · 이미영 · 이현심(2011). 자원봉사론. 경기 : 양서원.

김정진 · 김미숙 · 김혜경 · 노 혁 · 도종수 · 석말숙(2005). 대학인과 사회봉사. 경기 : 서현사.

김태현(2007). 노년학. 경기 : 교문사.

김현호 · 김경섭 · 김동백 · 오미희 · 임봉호 · 황희숙(2011). 지역사회복지론. 경기 : 양서원.

김형수 · 모선희 · 유선호 · 이경아(2009). 현대노인복지론(제3판). 서울 : 학지사.

김혜련(2011). 다문화시대 여성결혼이민자의 시민권에 관한 연구 – 중국여성을 중심으로–. 전남대학교 대학원 석사학위논문.

류기형 · 남미애 · 박여인 · 홍봉선 · 강대선(2011). 자원봉사론. 경기 : 양서원.

박태영 · 김숙경 · 오 주 · 이경은 · 장덕희 · 최현탁 · 최태자(2008). 자원봉사론. 경기 : 공동체.

양옥남 · 김혜경 · 김미숙 · 정순둘(2009). 노인복지론(제2판). 경기 : 공동체.

오세영(2011). 자원봉사론. 서울 : 창지사.

원석조(2008). 사회문제론(제3판). 경기 : 양서원.

유동철 · 이미라 · 박소연(2011). 대학생을 위한 사회봉사의 이해. 경기 : 양서원.

이만식 · 손 신 · 신효진(2011). 21세기 자원봉사관리 : 이론과 실제. 서울 : 학지사.

이병순 · 김효정 · 오효근 · 박미혜 · 민승화 · 김화진 · 강정희(2010). 자원봉사실천가가 풀어쓴 자원봉사론. 경기 : 공동체.

임은희(2010). 인간행동과 사회환경. 경기 : 양서원.

임은희 · 김성기 · 홍숙자 · 김범수 · 이성은(2011). 자원봉사론. 경기 : 학현사.

조휘일(1998). 현대사회와 자원봉사. 서울 : 홍익재.

지은구 · 조성숙(2010). 지역사회복지론. 서울 : 학지사.

최덕경 · 이혜자 · 서정학 · 배은숙 · 박주현(2012). 현대사회와 자원봉사. 경기 : 공동체.

표갑수(1994). 자원봉사활동의 실태와 활성화 방안. 사회과학논총, 13.

현외성(2010). **자원봉사론 강해**. 서울 : 학지사.

홍봉선 · 남미애(2005). **청소년복지론**. 경기 : 양서원.

홍연숙(2002). 대학생의 자원봉사활동 지속결정요인. **청소년복지연구**, 4(1), 75-97.

Antoni, G. D.(2009). Intrinsic vs. extrinsic motivations to volunteer and social capital formation. *KYKLOS*, *63*, 359-337.

Holdsworth, C., · Quinn, J.(2010). Student volunteering in English higher education. *Studies in Higher Education*, *35*(1), 113-127.

Kohn, S., · Wohl, D.(2010). The immeasurable value of volunteerism and the story of one amazing volunteer. *Journal of Jewish Communal Service*, *85*, 337-334.

McGregor, M. S., James, J. G., Cater, D.(1982). *For love Not Money*. Blackburn, Victoria : Dove Communication.

Moore, C., Allen, J. P.(1996). The effects of volunteering on the young volunteer. *The Journal of Primary Prevention*, *17*, 231-258.

Marie, C., · Tony, W.(2008). Navigating human rights across the life course. *Child and Family Social Work*, *13*, 348-356.

찾아보기

인 명

강철희 ··· 39
권중돈 ··· 14
김기수 ··· 14
김정진 ··· 25
김현호 ··· 39

박태영 ··· 11

양정하 ··· 39

조학래 ··· 14

현외성 ··· 12
홍연숙 ··· 26

Connolly & Ward ··· 13
McGregor ··· 51

내 용

간접적 봉사 ··· 57
개별성 보장 ··· 19
고독과 소외 ··· 83
공감의 의무 ··· 53
공공기관 ··· 43
공공분야 ··· 38
관계형성 기술 ··· 65
관찰기술 ··· 66
교육분야 ··· 37
극복의 의지 ··· 50
기록 및 평가 ··· 67

나눔의 정신 ··· 50
노인 ··· 81
노인빈곤 ··· 83
노인요양시설 ··· 42
능력을 인정받을 권리 ··· 52

다양성을 지닌 존재 ··· 73
독서골든벨 ··· 105
동기의 적합성 ··· 100
동등한 존재로서 인식할 의무 ··· 55

무료함 ··· 84
무보수성 ··· 21
미성숙한 존재 ··· 72
민감한 존재 ··· 72

배우려는 자세 ··· 51
보건 · 의료서비스 분야 ··· 37
봉사자의 윤리적 지침 ··· 47
봉사자의 의무 ··· 53
비밀보장의 권리 ··· 52
비밀을 지킬 의무 ··· 54
비정부조직(NGO) ··· 12
빈곤문제 ··· 74

사회복지 분야 ··· 36
사회복지관 ··· 39
사회봉사 ··· 11
사회봉사 프로그램 ··· 98
사회적 노화 ··· 82
사회적 연대감 향상 ··· 18
사회적 위험 ··· 11

사회환경 ······ 11
생물학적 노화 ······ 81
섭외, 홍보, 모금 활동 ······ 57
수용적이고 비심판적이어야 할 의무 ······ 54
시민사회 ······ 12
신뢰를 지켜야 할 의무 ······ 55
심리적 노화 ······ 82

아동 ······ 71
아동학대 ······ 75
역할 명확화 ······ 99
옹호 ······ 58
의사소통 기술 ······ 66
의존적 존재 ······ 72
이타성 ······ 20
인간 존엄성 존중 ······ 18
인간에 대한 애정과 관심 ······ 49
인권 ······ 13

자격과 준비 적격성 ······ 100
자기인식 ······ 49
자발성 ······ 20
자신의 인간관계 점검 ······ 50
자활센터 ······ 42
잠재력 개발 ······ 19
장애인 ······ 86
장애인 기관 및 시설 ······ 43
재가복지센터 ······ 41
적응이 필요한 시기 ······ 73
정책형성 및 자문 ······ 58
지도, 감독의 유용성 ······ 99
지속성 ······ 21
지역아동센터 ······ 40
지지받을 권리 ······ 52
직접적 봉사 ······ 56

참여촉진 기술 ······ 67
청소년 ······ 76

해체가정 문제 ······ 74
활동거점별 봉사영역 ······ 34
훈련받을 권리 ······ 53

저/자/약/력

■ **박재숙**

경북대학교 대학원 사회복지학과 문학석사, 박사
계명문화대학교, 위덕대학교 시간강사, 대구한의대학교 초빙교수 역임
현 경일대학교 사회복지학과 교수

〈논문〉

- 초기청소년의 봉사활동이 학교적응에 미치는 영향 : 공동체의식의 매개효과를 중심으로(2013). 청소년학연구, 20(9).
- 도피이론모형에 기반한 학교위험요인과 청소년자살생각의 구조적 관계(2011). 한국사회복지학, 63(3).
- 농어촌 청소년의 진로위기가 우울 및 회피적 대처를 통해 인터넷 과다사용에 미치는 직간접 영향(2011). 청소년학 연구, 18(8).
- 사회복지사의 노화불안과 노인에 대한 태도(2010). 한국사회복지교육, 13.
- 학교청소년의 수련활동과 자원봉사활동, 자아존중감, 공동체의식의 관계(2010). 청소년학연구, 17(4).
- 학교청소년의 인권보장, 자아존중감, 주관적 행복감 간의 관계(2010). 청소년복지연구, 12(1) 외

대학생 교양을 위한

사회봉사의 이해

|저자| 박재숙

|1판 1쇄 인쇄| 2014년 2월 5일
|1판 1쇄 발행| 2014년 2월 10일
|1판 4쇄 발행| 2023년 8월 30일

|발행인| 김동훈
|발행처| 공동체

|주소| 경기도 고양시 일산동구 호수로 358-39, 동문타워 I 905호(백석동)
|전화| 031) 814-3000(대표)
|팩스| 031) 814-3100
|홈페이지| http://www.compub.co.kr
|전자우편| compub@naver.com
|출판등록| 2005년 10월 6일
|등록번호| 제396-2005-36호

|ISBN| 978-89-6352-374-3
정가 10,000원